인생에 한번쯤
교양으로 읽는
명심보감

인생에 한번쯤
교양으로 읽는
명심보감

초판 1쇄 인쇄 2022년 9월 02일
초판 1쇄 발행 2022년 9월 13일

지은이 | 범립본
편저자 | 김선옥
펴낸이 | 김의수
펴낸곳 | 레몬북스(제 396-2011-000158호)
주   소 | 경기도 고양시 덕양구 삼원로73 한일윈스타 1406호
전   화 | 070-8886-8767
팩   스 | (031) 990-6890
이메일 | kus7777@hanmail.net

ISBN 979-11-91107-28-9 (03140)

<<< 흔들리는 나를 일으켜 세우는 고전 속으로 >>>

인생에
한번쯤

교양으로
읽는

명심보감

범립본 지음 + 김선옥 편저

레몬북스
lemon books

차례

繼善篇

계선편

좋은 일을 계속하라
더욱 좋은 일을 하라

좋은 일을 하는 사람은 하늘이 복으로써 보답해준다

자 왈   위 선 자   천 보 지 이 복
子曰, 爲善者는 天報之以福하고

위 불 선 자   천 보 지 이 화
爲不善者는 天報之以禍니라.

공자께서 말씀하셨다.
좋은 일을 하는 사람은 하늘이 복으로써 보답해주고, 좋지 않은 일을
하는 사람은 하늘이 재앙으로써 갚아주느니라.

- 『공자가어』(孔子家語)·「재액편」(在厄篇) 내용이다. 공자(孔子 B.C. 552~479)는
  인(仁)을 근본으로 하는 윤리도덕을 설명하여 사람들의 갈 길을 밝힘으로써
  성인(聖人)으로 일컬어지게 되었다. 이 글은 자연의 진리에 대한 너무도 당
  연한 원리를 말한 것이다.

- 공자(孔子, B.C. 551~497) : 춘추시대 사상가이자 교육가. 유학의 시조. 성은 공(孔)
  이고 이름은 구(丘)이며 자는 중니(仲尼)이다. 춘추시대 말기에 사회가 혼란스럽
  자 이를 바로잡기 위해 예(禮)로써 인(仁)을 실천할 것을 강조했다. 역경(易經),
  시경(詩經), 서경(書經), 춘추(春秋)를 정리하였다.

▸ 繼 이을 계, 善 좋을 선, 착할 선, 報 갚을 보, 以 써 이, 福 복 복, 禍 재앙 화

착한 일이라면 작더라도 해야 한다

한 소 열　　　　장 종　　　 칙 후 주 왈
漢昭烈이 將終에 勅後主曰,

물 이 선 소 이 불 위　　　　물 이 악 소 이 위 지
勿以善小而不爲하고 勿以惡小而爲之하라.

한(漢)나라의 소열황제(昭烈皇帝)가 곧 임종하려 할 때에 다음 황제가
될 아들 유선[劉禪]에게 조칙을 내려 말하였다.
"착한 일이라면 작더라도 할 것이며, 악한 일이라면 작더라도 하지 말
라."

◆ 한나라의 소열황제인 유비는 서촉 지방에서 영토를 확장하여 촉한을 세우고 강
　북의 위(魏), 강남의 오(吳)와 대치하게 되었다. 그런데 아들인 유선은 영특하지
　가 못하였다.

▶ 漢 나라 한, 昭 밝을 소, 將 장차 장, 終 마칠 종, 勅 칙서 칙, 勿 금지(말) 물

항상 착한 일을 염두에 두어야 한다

장 자 왈　일 일 불 념 선
莊子曰, 一日不念善이면

제 악　　개 자 기
諸惡이 皆自起니라.

장자가 말하였다.
하루라도 착한 일을 염두에 두지 않는다면 크고 작은 악한 일들이 모두 저절로 일어나느니라.

- 착하다는 말로 바꿀 수 있는 선이 무엇일까. 올바른 행동이나 생각이라 해 두면 어떨까. 올바르게 생각하고 행동하면 그것이 바로 선(善)이 아니겠는 가. 올바르지 못함은 악(惡)이다.

◆ 장자(莊子, B.C. 369~286년경) : 전국시대 사상가. 노자(老子)와 함께 도가사상(道家 思想)의 중심인물. 유학의 예교(禮敎)를 부정하고 자연(自然)으로 돌아갈 것을 주 장하였다. 저서로는『장자』가 있다.

▶ 念 생각할 념, 善 착할(좋을) 선, 諸 모든 제, 皆 모두 개, 起 일어날 기

착한 일을 본능으로 여겨야 한다

태공　왈　견선여갈　　문악여롱
太公이 日, 見善如渴하고 聞惡如聾하라

우왈　선사　수탐　　악사　막락
又日 善事는 須貪하고 惡事는 莫樂하라.

태공이 말씀하셨다.

착한 것을 보거든 목마를 때 물을 보듯이 하고, 악한 것을 듣거든 귀 먹은 것같이 해야 한다. 또 이르기를, 착한 일은 곧 탐내듯이 하고 악한 일은 즐겨해서는 안 된다.

● 착한 일을 보면 목마른 자가 물을 찾듯이 하라는 것이니, 착한 일을 본능으로 여겨야 한다는 말이다.

◆ 태공 : 주(周)나라 초기의 정치가. 강태공으로 많이 알려져 있으며 이름은 상(尙)이다. 위수(渭水)에서 바늘 없는 낚싯대를 드리우고 고기를 낚지 않고 세월을 낚으며 지내다가 여든 살이 되어서야 고공단보(古公亶父)의 손자 문왕(文王)을 만나 천하를 도모하였다. 고공단보가 기다린 성인(聖人)이라고 하여 태공망(太公望)이라고 하는 호를 얻었다.

▶ 太 클 태, 公 귀 공, 見 볼 견, 善 착할 선, 如 같을 여, 渴 목마를 갈, 聞 들을 문, 惡 악할 악, 聾 귀머거리 롱, 須 모름지기 수, 貪 탐할 탐, 莫 없을 막

선행(善行)은 항시 부족하다는 생각을 가져야 한다

마 원 왈　종 신 행 선　　　선 유 부 족
馬援曰, 終身行善이라도 善猶不足이요

일 일 행 악　　　악 자 유 여
一日行惡이라도 惡自有餘니라.

마원이 말하였다.

평생(終身)토록 착한 일을 행한다고 하더라도 착한 일은 오히려 부족하고, 단 하루라도 악한 일을 행하면 악한 일은 저절로 남음이 있게 되느니라.

● 종신(終身)이란 몸이 죽을 때까지, 곧 몸을 마친다는 말인데 부족하다 했으니, 선행(善行)은 끝이 없이 좋은 일이니 항시 부족하다는 생각을 가져야 한다는 말이다.

◆ 마원(馬援, B.C.14~A.D.49) : 부풍(扶風) 무릉(茂陵) 사람으로 자는 문연(文淵)이다. 신(新)의 왕망(王莽)을 도와 한중랑태수(漢中郎太守)가 되었다가 이후에 유수(劉秀)를 도와 동한(東漢)의 개국공신이 되었다. 시호는 충성(忠成)이다.

▶ 馬 말 마, 援 구원할 원, 終 마칠 종, 猶 오히려 유, 足 족할 족, 餘 남을 여

자손에게 돈을 물려주기보다는 이웃에 덕을 쌓아야 한다

사 마 온 공 왈　적 금 이 유 자 손　　미 필 자 손　　능 진 수
司馬溫公曰, 積金以遺子孫이라도 未必子孫이 能盡守오

적 서 이 유 자 손　　미 필 자 손　　능 진 독
積書以遺子孫이라도 未必子孫이 能盡讀이니

불 여 적 음 덕 어 명 명 지 중　　이 위 자 손 지 계 야
不如積陰德於冥冥之中하여 以爲子孫之計也니라.

사마온공이 말하였다.

돈을 모아 자손에게 물려준다고 하더라도 자손이 반드시 다 지킬 수 없을 것이며, 책을 모아 자손에게 물려준다고 하더라도 자손이 반드시 다 읽을 수 없을 것이다. 차라리 남모르는 가운데 음덕(陰德)을 쌓아서 자손을 위한 계책을 삼는 것만 같지 못하다.

● 유형의 물질적 유산이 귀한 것이 아니라, 이웃과 사회에 덕을 쌓아서 자손에게 물려주는 것이 귀하다는 말이다.

◆ 사마온공(司馬溫公)은 북송의 사마광(司馬光)을 말한다. 북송 인조 1038~1040년경에 진사를 지냈으며 신종 때 왕안석이 신법을 실시하자 뜻이 맞지 않아 관직을 버렸다. 이후 구양수와 더불어 구법당을 조직 보수파의 핵심이 되어 활동하였다. 주돈이(周敦頤), 정호(鄭顥), 정이(程頤) 등과도 같은 사상적 맥락에 있다.

▶ 積 쌓을 적, 遺 끼칠(남길) 유, 孫 손자(자손) 손, 盡 다할 진, 讀 읽을 독, 陰 응달(드러나지 않을) 음, 德 덕 덕, 冥 어두울 명, 計 꾀 계, 也 어조사야

사람들과 원한을 맺어서는 안 된다

경 행 록   왈   은 의   광 시
景行錄에 曰, 恩義를 廣施하라

인 생 하 처 불 상 봉   수 원   막 결   노 봉 협 처   난 회 피
人生何處不相逢가 讐怨을 莫結하라 路逢狹處하면 難回避니라.

「경행록」에 이르기를 은혜로운 일과 의로운 일을 널리 행하라. 인생살이에 어느 곳에서든 서로 만나지 않겠는가. 사람들과 원한을 맺지 말라. 길 가다 좁은 곳에서 만나면 피하기 어려우니라.

● 우리는 받는 즐거움보다는 주는 즐거움을 느껴야 한다. 물질에 있어서도 그러하거늘 하물며 은혜로운 일이나 올바른 일을 남에게 베푼다는 즐거움은 더 말할 것도 없다.

◆ 『경행록』은 원나라 세조와 함께 원정군이 되어 공을 세웠던 악국공(鄂國公) 사필(史弼, ?~1318)이 말년에 지은 것으로 전해진다. 일설에는 송대(宋代)에 지어진 책이라고 한다. 현재 전하지 않아 어떤 책인지 알 수 없다. 경행(景行)이란 '훌륭한 행실'을 의미한다. 경행록(景行錄)은 고상한 품행을 갖기 위해 어떻게 생각하고 행동해야 하는지에 대한 내용을 담고 있을 것으로 추측된다.

▶ 廣施 널리 베풂, 何 어찌 하, 處 곳 처, 相 서로 상, 逢 만날 봉, 讐 원수 수, 怨 원망할 원, 結 맺을 결, 狹處 좁은 곳, 難 어려울 난. 避 피할 피.

악에도 선하게 대할 수 있어야 한다

장자 왈   어 아 선 자   아 역 선 지   어 아 악 자   아 역 선 지
莊子曰, 於我善者도 我亦善之하고 於我惡者도 我亦善之니라

아 기 어 인   무 악   인 능 어 아   무 악 재
我旣於人에 無惡이면 人能於我에 無惡哉인저.

장자가 말하였다.

나에게 착하게 하는 사람에게 나 또한 잘 대할 것이며, 나에게 악하게 하는 사람일지라도 나는 또한 잘 대할 것이다. 내가 이미 남에게 악하게 하지 않았다면 남이 능히 나에게 악하게 하는 일은 없을 것이다.

● 나에게 선하게 대하는 사람에게 나 또한 선하게 대함은 쉽지만 나에게 악하게 대하는 사람에게 선하게 대함이란 쉽지 않다. 지혜와 너그러움이 갖춰지고 인품이 높을 때 가능하다. 부지런히 수양하여 남의 악에도 선하게 대할 수 있다면 세상사 질곡에서 벗어날 수 있게 될 것이다.

▶ 於我 나에게, 善之 착하게 함, 善 착할(좋을) 선, 惡 악할 악, 亦 또 역, 旣 이미 기, 無 없을 무, 哉 감탄형 종결 어조사 재

착한 일을 하는 사람은 날마다 커가는 것이 있다

동악성제수훈　　왈　일일행선　　　복수미지　　화자원의
東岳聖帝垂訓에 曰, 一日行善이라도 福雖未至나 禍自遠矣오

일일행악　　　화수미지　복자원의　행선지인
一日行惡이라도 禍雖未至나 福自遠矣라 行善之人은

여춘원지초　　불견기장　　일유소증
如春園之草하여 不見其長이라도 日有所增하고

행악지인　여마도지석　　불견기손　　일유소휴
行惡之人은 如磨刀之石하여 不見其損이라도 日有所虧니라.

동악성제(東岳聖帝)「수훈(垂訓)」에 이르기를, 하루 동안 착한 일을 했을지라도 복이 곧 이르는 것은 아니더라도 재앙은 곧 저절로 멀어질 것이요, 하루 동안 악한 일을 했을지라도 재앙이 곧 오지는 않을지라도 복은 곧 저절로 멀어질 것이다. 착한 일을 하는 사람은 봄날 정원의 풀과 같아서 자라는 것이 보이지 않지만 날마다 커가는 것이 있고, 악한 일을 하는 사람은 칼 가는 숫돌과 같아서 닳는 것은 보이지 않지만 날마다 이지러지는 것이 있을 것이니라.

● 동악성제(東岳聖帝) : 동악성제는 도가의 인물일 것으로 추정되나 알 수 없다. 중국에는 동·서·남·북·중앙의 방위별로 각각 성산(聖山)을 설정하고 있는데 그 가운데 동쪽에 있는 태산(泰山)에 사는 제왕일 것으로 생각된다.

▶ 垂 베풀 수, 訓 가르칠 훈, 福 복 복, 禍 재화 화, 增 더할 증, 損 덜 손

繼善篇 10

착한 일은 실행하기 어렵다

자 왈   견 선 여 불 급   견 불 선 여 탐 탕
子曰, 見善如不及하고 見不善如探湯하라.

공자께서 말씀하셨다.
착한 일을 보거든 마치 따르지 못할 것처럼 애태우고, 착하지 않은 일
을 보거든 마치 끓는 물에 손이 닿은 것처럼 피하라.

● 『논어』·「계씨편」 내용이다. 착한 일은 실행하기 어렵고 나쁜 일은 실행하
  기 쉽다. 따라서 남이 착한 일을 하면 나도 힘써 착한 일을 하도록 노력할
  것이다. 그리고 남이 잘못하는 일을 보면 끓는 물에 손이 닿았을 때처럼 빨
  리 악의 뿌리마저 잘라버릴 것을 생각해야 한다.

◆ 공자(孔子, B.C.551~497) : 은나라의 후예였던 송나라 사람 숙량흘과 안징재 사이
  에서 노(魯)나라 창평(昌平)고을 추읍(陬邑)에서 태어남. 이름은 구(丘)이며 자는
  중니(仲尼)이다. 그는 예(예절)·악(음악)·사(활쏘기)·어(마차술)·서(글쓰기)·수(수
  학) 6예에 모두 탁월하였으며 고전에도 밝았다.

▶ 見 볼 견, 善 착할 선, 及 미칠 급, 如 같을 여, 探 찾을 탐, 湯 끓일 탕. 탐탕(探湯)
  끓는 물을 손으로 만지는 것

天命篇

천명편

하늘의 명에 정성을 다해 착하게 살아야 한다

하늘의 뜻에 따르는 사람은 살아남는다

맹 자 왈   순 천 자   존   역 천 자   망
孟子曰, 順天者는 存하고 逆天者는 亡하느니라.

맹자께서 말씀하셨다.
하늘의 뜻에 따르는 사람은 살아남고, 하늘의 뜻에 거스르는 사람은
망하느니라.

● 『맹자』·「이루장구」·〈상편〉의 내용이다. 천(天)을 자연이라 옮겼다. 자연
  사물의 이치를 천명(天命)이라 할 수 있겠다. 자연의 이치는 진실한 것으로
  착하다는 선(善)과 통하는 것이다.

◆ 맹자(孟子, B.C. 372~289) : 노나라 산동성 부근에서 출생. 이름은 가(軻), 자는 자
  여(子輿)로 전국시대 사상가. 유가(儒家)에서는 공자를 이어 아성(亞聖)으로 일컬
  음. 성선설(性善說)과 왕도정치(王道政治)를 내세워 공자의 유가사상을 더욱 정교
  하게 하였다.

▶ 孟 맏이 맹, 子 선생님 자, 曰 말씀 왈, 順 따를 순, 天 하늘 천, 者 사람 자, 存 생
  존할 존, 逆 거스를 역, 亡 망할 망

하늘의 귀는 마음속에 있다

강절소선생왈　천청　　적무음
康節邵先生曰, 天聽이 寂無音하니

창창하처심　　비고역비원　　　도지재인심
蒼蒼何處尋고 非高亦非遠이라 都只在人心이니라.

소강절 선생이 말하였다.

하늘의 들으심은 고요하여 소리가 없으니, 푸르고 푸르러 어느 곳에서
찾을 수 있을까. 그것은 높지도 않고 멀지도 않다.

모두가 오직 사람 마음속에 있느니라.

● 하늘은 자연 이치의 주재자이다. 이 주재자는 모든 것을 듣고 보고 있다. 하
  늘을 사람 마음이라 한다면, 하늘의 귀는 바로 나의 마음속에 있는 것이다.

◆ 소강절(邵康節, 1011~1077) : 북송 때 문인이며 성리학자(性理學者)로 성은 소(邵),
  이름은 옹(雍), 자는 요부(堯夫), 시호가 강절(康節)임. 역학(易學)의 대가 이지재
  (李之才, ?~1045)로부터 주역의 괘상과 하도낙서를 받아 사물의 이치를 깨달았다
  고 함. 상수역학(象數易學)의 대가로 칭송받았다.

▶ 康 편안할 강, 節 마디 절, 邵 성(姓) 소, 聽 들을 청, 寂 고요할 적, 蒼 푸를 창, 尋
  찾을 심, 非 아닐 비, 高 높을 고. 遠 멀 원, 都 모두 도

신의 눈은 번갯불처럼 밝게 보인다

현제 수훈   왈   인간 사 어   천 청   약 뢰
玄帝垂訓에 曰, 人間私語라도 天聽은 若雷하고

암 실 기 심   신 목   여 전
暗室欺心이라도 神目은 如電이니라.

현제(玄帝)의 「수훈」에 이르기를, 사람들 사이에서 사적이고 은밀하게 주고받는 말이라고 하더라도 하늘은 우레처럼 크게 들리고, 어두운 방 안에서 자신의 마음을 속일지라도 신의 눈은 번갯불처럼 밝게 보이느니라.

- 수훈(垂訓): 가르침을 내려 줌. 사어(私語): 사사로운 말. 개인적으로 하는 말. 약뢰(若雷): 약은 같다는 뜻으로써 우레와 같다. 기심(欺心): 양심을 속이는 것.
- 현제(玄帝): 도교의 신선으로 현천상제(玄天上帝)를 말한다. 지부태양(至符太陽)의 정기를 받고 정락국왕(淨樂國王) 선승부인(善勝夫人)의 배를 빌어 태어났다. 장성하여 무당산(武當山)에서 잠형연기(潛形煉氣) 수련을 하여 큰 도를 닦았다고 한다.

▸ 私 개이 사, 語 말씀 어, 若 같을 약, 雷 우레 뢰, 暗 어두울 암, 室 집 실, 欺 속일 기, 神 귀신 신, 目 눈 목. 如 같을 여, 電 번개 전

악이 가득차면 하늘의 벌을 받는다

익 지 서   운   악   약 만   천 필 주 지
益智書에 云, 惡이 若滿이면 天必誅之니라.

익지서(益智書)에 이르기를, 악한 그릇(나쁜 마음)이 가득해질 것 같으면 하늘이 반드시 벌하여 벨 것이니라.

● 악이 가득차면 하늘이 그를 죽인다고 하였다. 이것은 콩 심은 곳에 콩이 나고, 팥 심은 곳에 팥이 나듯이 자연의 이치이다. 악이 가득차면 하늘의 벌을 받는 것이 진리이다.

◆ 익지서(益智書) : 중국 송나라 때에 지어진 책이라고 하나 현재 전하지 않는 일서(逸書)이다. 익지(益智)란 '지혜를 더한다.'는 뜻이다.

▸ 益 더할 익, 智 슬기 지, 書 글 서, 云 이를 운, 惡 악할 악, 鑵 두레박 관, 惡鑵 악한 마음, 若 만일 약, 滿 찰 만, 天 하늘 천, 必 반드시 필. 誅 벨 주, 之 대명사 지

天命篇 5

천도(天道)는 어김없이 바름으로 나아간다

장자왈   약인   작불선
莊子曰, 若人이 作不善하여

득현명자   인수불해   천필륙지
得顯名者는 人雖不害나 天必戮之니라.

장자(莊子)가 말하였다.

만약에 사람이 선하지 못한 일을 하여 세상에 이름을 드러낸다면, 사람들이 비록 그를 해치지 않더라도 하늘이 그를 반드시 죽일 것이니라.

● 천도(天道)는 어김없이 바름으로 나아간다. 악한 일을 하고도 잠시 영달과 부귀영화를 누릴지는 모르나 분명히 하늘의 바른 도가 그를 죽일 것이다. 이것이 인과응보이며 하늘의 도이다.

◆ 장자(莊子, B.C. 369~286년경) : 전국시대 사상가로 이름은 주(周)이다. 춘추시대 노자(老子)와 함께 도가 사상(道家思想)의 중심인물임. 그의 사상을 대표하는 저서 『장자』가 있다. 『장자』의 짜임은 「내편」 7편, 「외편」 15편, 「잡편」 11편으로 모두 합하여 33편으로 구성되어 있다.

▶ 若 만일 약, 人 사람 인, 作 지을 작, 不 아닐 불, 善 착할 선, 得 얻을 득, 顯 드러낼 현, 名 이름 명, 顯名 이름을 드러냄, 者 사람 자, 雖 비록 수, 害 해칠 해. 戮 죽일 륙, 之 대명사 지

뿌린 씨와 가꾼 노력만큼의 열매를 거둔다

종과득과 　　종두득두
種瓜得瓜하고 種豆得豆니

천망 　회회 　　소이불루
天網이 恢恢하여 疎而不漏니라.

오이를 심은 곳에서 오이를 얻고, 콩을 심은 곳에서 콩을 얻으니, 하늘의 그물은 넓고 넓어서 성글기는 하나 (어느 것 하나도) 누락시키지 않느니라.

● 종자와 열매의 법칙, 인과의 법칙을 설명한 것이다. 무슨 일이나 자기가 뿌린 씨와 가꾼 노력만큼의 열매를 거두는 것이다. 하는 일은 바르지 않은 일을 하면서 좋은 결과를 바란다든가, 남에게 베푼 은혜는 없으면서도 남이 나를 도와주기를 바라는 일이 허다하다.

▶ 種 씨 종, 瓜 오이 과, 得 얻을 득, 豆 콩 두, 天 하늘 천, 網 그물 망, 恢 넓힐 회, 疎 트일 소, 而 말 이을 이, 不 아닐 불, 漏 샐 루

하늘에 죄를 지으면 빌 곳이 없다

자 왈　획 죄 어 천　　　무 소 도 야
子曰, 獲罪於天이면 無所禱也니라.

공자께서 말씀하셨다.
(나쁜 일을 하여) 하늘에 죄를 지으면 빌 곳이 없느니라.

● 『논어』(論語)·「팔일편」(八佾篇) 내용이다. 죄를 짓는다는 것은 따지고 보면 바른 이치에 어긋난 일을 하는 것이다. 인위적인 조직 내에서는 잘못의 용서를 구할 수가 있지만 자연의 법칙인 천도에 어긋난 죄는 빌 곳이 없다.

▶ 子 선생님 자, 曰 말씀 왈, 獲 얻을 획, 罪 허물 죄, 於 어조사 어, 天 하늘 천, 無 없을 무, 所 곳 소, 禱 빌 도, 也 어조사 야

順命篇

순명편

하늘의 명에 따르고 순종하라

하늘은 자연의 순수한 이치이다

자 왈　사 생　　유 명　　　부 귀　　재 천
子曰, 死生이 有命이요 富貴는 在天이니라.

공자께서 말씀하셨다.

죽고 사는 것은 명운에 달려 있고, 부자가 되고 귀하게 되는 것은 하늘
에 달려 있느니라.

● 『논어』(論語)·「안연편(顏淵篇)」의 내용이다. 명(命)이란 운명이니 사람의 수
　명과 같은 뜻. 곧 사람의 능력 밖의 것으로, 사람으로서 조절할 수 없는 것
　을 말한다. 하늘은 자연의 순수한 이치일 수밖에 없다.

▶ 死 죽을 사, 生 날 생, 有 있을 유, 命 목숨 명, 富 넉넉할 부, 貴 귀할 귀, 在 있을
　재, 天 하늘 천

누구나 자신에게 알맞은 일이 있다

만 사   분 이 정
萬事가 分己定이어늘

부 생   공 자 망
浮生이 空自忙이니라.

모든 일은 분수(分數)가 이미 정해져 있거늘, 덧없는 인생은 부질없이
스스로 바쁘게 움직이느니라.

● 이 글은 자칫 운수에 맡기고 노력하지 않는 논리로 잘못 이해하기 쉽다. 여
기에서 분수가 이미 정해졌다고 하는 말은 자기에게 알맞은 일이 있다는
말이다. 격언이나 교훈적 말은 그 말의 의도를 잘 살펴야 한다.

▶ 萬 일만 만, 事 일 사, 萬事 온갖 일, 分 나눌 분, 己 이미 이, 定 정할 정, 浮 뜰 부,
生 생명 생, 浮生 덧없는 인생, 空 공연할 공, 自 스스로 자, 忙 바쁠 망

하늘이 내리는 복은 두 번 다시 구할 수 없다

경 행 록　　운　　화 불 가 행 면
景行錄에 云, 禍不可倖免이요

복　　불 가 재 구
福은 不可再求니라.

「경행록(景行錄)」에 이르기를, 하늘이 내리는 재앙은 요행으로 면할 수 없고, 하늘이 내리는 복 또한 두 번 다시 구할 수 없다.

● 재앙은 오기 전에 내 스스로 막아야 하며, 재앙이 될 수 있는 일을 저질러 놓고 요행으로 면하려 하면 면할 수 없다. 복 또한 때에 맞춰 실천하지 않으면 지나가버리고 두 번 다시 받을 수 없나니 기회를 놓치지 말아야 한다. 재앙은 악에서 비롯하고, 복은 선에서 비롯하나니 악은 멀리하고 선행은 부지런히 하여 복을 지어야 한다.

▸ 景 밝을 경, 行 행할 행, 錄 기록할 록, 云 이를 운, 禍 재화 화, 不 아닐 불, 可 가히 가, 倖 요행 행, 免 면할 면, 福 복 복, 再 거듭 재. 求 구할 구

행운과 재앙은 의도하지 않아도 온다

시 래   풍 송 왕 각
時來면 風送王閣이요

운 퇴   뇌 굉 천 복 비
運退면 雷轟薦福碑라.

때가 되니 바람이 불어 등왕각으로 보내주고, 운수가 다하니 벼락이
천복비에(강서성 천복사에 있던 비석) 떨어졌느니라.

● 우리는 살아가면서 노력에 의해 일을 이룬다. 그러나 세상일은 의도함 없
  이 뜻밖의 일을 만나기도 하는데 행운이 오는가 하면 재앙이 오기도 한다.
  노력여하와 달리 진행되는 일에 대해 우리는 운명이라고 한다.

◆ 시래풍송등왕각(時來風送滕王閣), 운퇴뇌굉천복비(運退雷轟薦福碑) : 등왕각(滕王
  閣)은 당 태종 때 당 태종의 아우 등왕(滕王) 이원영(李元嬰)이 강서성 난창에 세운
  누각. 왕발(王勃, 650~676)의 서(序) 내용으로, 때를 잘 만나 운이 좋으면 왕발을 등
  왕각으로 보내기도 하지만, 운이 다하면 천복비에 벼락이 친다는 내용이다.

▶ 時 때 시, 來 올 래, 風 바람 풍, 送 보낼 송, 滕 물 솟을 등, 王 임금 왕, 閣 문설주
  각, 運 돌 운, 退 물러날 퇴, 雷 우레 뢰, 轟 천둥 굉, 薦 천거할 천, 福 복 복, 碑 돌
  기둥 비

타고난 운수는 정해져 있다

열 자 왈 치 농   가 호 부   지 혜 총 명   각 수 빈
列子曰, 癡聾도 家豪富요 知慧聰明도 却受貧이라

년 월 일 시 해 재 정   산 래 유 명 불 유 인
年月日時該載定하니 算來由命不由人이니라.

열자가 말하였다.

어리석고 귀먹고 벙어리라고 하더라도 집은 호화롭고 부자요, 지혜롭고 총명한 자라고 하더라도 오히려 가난함을 받느니라. 타고난 운수는 연월일시에 따라 이미 정해져 있으니, 따지고 보면 운명에 말미암는 것이지 사람에게서 연유됨이 아니니라.

◆ 열자(列子): 중국 전국시대 정(鄭)나라 사람으로 열어구(列禦寇)라고 그의 이름으로 부르기도 한다. 『열자』는 위진 때에 장담(張湛)이 주석을 달아놓은 책이다. 이 책이 도교가 유행하던 당 초기에 『충허지덕진경』(沖虛至德眞經)으로 불리기도 하였다.

▸ 列 줄 렬, 子 선생님 자, 癡 어리석을 치, 聾 귀머거리 농, 瘂 벙어리 아, 家 집 가, 豪 귀인 호, 富 넉넉할 부, 慧 슬기로울 혜, 聰 귀 밝을 총, 受 받을 수, 貧 가난할 빈, 該 그 해, 定 정할 정. 算 셀 산, 由 말미암을 유

孝行篇

효행편

어버이에게 감사하고 보답하라

부모님의 은혜는 저 높은 하늘과 같이 끝이 없다

시　왈　부혜생아　　　모혜국아
詩에 曰, 父兮生我하시고 母兮鞠我하시니

애 애 부 모　생 아 로　　욕 보 심 은　　호 천 망 극
哀哀父母여 生我勞하셨다. 欲報深恩인대 昊天罔極이로다.

「시경(詩經)」에 이르기를, 아버지께서 나를 낳으시고, 어머니께서 나를 기르시니, 애달고 애달프다! 부모님이시여! 나를 낳아 기르시기에 애쓰셨도다. 그 깊은 은혜 보답하고자 하니 저 높은 하늘과 같이 끝이 없구나.

◆ 시경(詩經): 시경은 중국 최초의 시집. 공자가 당시 사람들 사이에서 불려졌던 노래를 모아 채록하였는데 음률은 기록되지 못하고 가사만 기록되어 시집이 되었음. 유가(儒家) 사서삼경(四書三經) 가운데 한 권으로 현대사회에서도 사랑받고 있다. 위 구절은『시경』(詩經)·「소아」(小雅)·요아편(蓼兒篇)이다.

▶ 詩 시 시, 父 아비 부, 兮 어조사 혜, 生 날 생, 我 나 아, 母 어미 모, 鞠 기를 국, 哀 불쌍히 여길 애, 劬 수고로울 구, 勞 힘쓸 로, 欲 하고자 할 욕, 報 갚을 보. 深 깊을 심, 恩 은혜 은. 昊 하늘 호, 極 다할 극

孝行篇 2

부모를 섬기는 다섯 가지 예와 마음가짐

자 왈　효 자 지 사 친 야　거 즉 치 기 경　　양 즉 치 기 락
子曰, 孝子之事親也에 居則致其敬하고 養則致其樂하고

병 즉 치 기 우　　상 즉 치 기 애　　제 즉 치 기 엄
病則致其憂하고 喪則致其哀하며 祭則致其嚴이니라.

공자께서 말씀하시기를, 자식이 부모님 섬김에 있어서 평상시에는 공경하는 마음을 다하여야 하고, 봉양함에 있어서는 그 즐거워하심에 마음을 다하여야 하며, 병이 나시면 진정으로 우려하고, 돌아가신 때에는 슬픔을 다하며, 제사드릴 때에는 엄숙한 마음을 다함이니라.

● 『예기』(禮記)·「제통편」(祭統篇)의 내용이다. 이 글은 부모를 섬기는 다섯 가지의 예와 거기에 따른 자식의 마음가짐을 말한 것이다.

▶ 孝 효도 효, 子 아들 자, 事 섬길 사, 親 혈친 친, 居 있을 거, 則 곧 즉, 致 받칠 치, 其 그 기, 敬 공경할 경, 養 봉양할 양, 樂 즐거울 락, 病 병 병, 憂 근심할 우, 喪 죽을 상, 哀 슬플 애, 祭 제사 제, 嚴 엄할 엄

부모는 자식이 곁에 있기를 바란다

자 왈 부 모 재   불 원 유   유 필 유 방
子曰, 父母在어시든 不遠遊하며 遊必有方이니라.

공자께서 말씀하셨다.
부모가 살아계시거든 집을 멀리 떠나 나돌지 말 것이며, 집을 떠나 나돌게 되면 반드시 일정한 방소가 있어야 하느니라.

◆ 방(方): 방소(方所), 즉 정하여진 장소. 부모의 마음은 언제나 자식이 곁에 있기를 바란다. 또 곁을 떠나면 곧 돌아오기를 기다린다. 객지에 나간 아들을 기다리는 심정을 의려지망(倚閭之望)이라 한다. 문간에 기대어 기다린다는 뜻이다.

▶ 父 아비 부, 母 어미 모, 在 있을 재, 不 말 불, 遠 멀 원, 遊 여행할 유, 必 반드시 필, 有 있을 유, 方 방위 방

부모의 명령에 순종해야 한다

자왈 부명소   유이불낙
子曰, 父命召어시든 唯而不諾하고

식재구   즉토지
食在口면 則吐之니라.

공자께서 말씀하시기를, 아버지께서 부르시거든 '예' 하고 즉시 대답하고 머뭇거리지 말고 달려갈 것이며 (먹던) 음식물이 입에 있거든 뱉고 달려갈 것이니라.

● 『예기』(禮記)·「옥조편」(玉藻篇)의 내용이다. 아버지의 명령에는 '예' 하고 순종하여 대답하고 곧 시행해야 한다. 낙(諾)은 명령에 대하여 '알았습니다.' 한다든가, '하겠습니다.' 한다든가 하는 대꾸의 대답을 의미한다.

◆ 식재구즉토지(食在口則吐之): 음식이 입안에 있으면 삼킬 사이 없이 뱉고 즉시 대답해야 함을 말한다.

▶ 父 아비 부, 命 명령할 명, 召 부를 소, 唯 오직 유, 而 말 이을 이, 不 아닐 불, 諾 대답할 낙, 食 밥 식, 在 있을 재. 口 입구, 吐 버릴 토

부모님께 효도하는 것은 자식의 도리이다

태공   왈   효 어 친   자 역 효 지
太公이 曰, 孝於親이면 子亦孝之하나니

신 기 불 효   자 하 효 언
身旣不孝면 子何孝焉이리오.

태공이 말하였다.

내 자신이 부모에게 효도한다면 내 자식이 또한 나에게 효도할 것이니,

자신이 이미 어버이에게 불효했다면 자식이 어찌 나에게 효도하리오.

● 부모님께 효도하는 것은 자식의 도리이며 당연한 일이다. 내 자식이 나에

　게 효도하는 것은 자식의 도리로서 하는 것이지 내가 어버이에게 효도했으

　므로 그 대가를 받는 것은 아니다.

▶ 孝 효도 효, 於 어조사 어, 親 부모님 친, 子 아들 자, 亦 또 역, 孝 효도 효, 身 몸

　신, 旣 이미 기, 何 어찌 하, 焉 어조사 언.

부모에게 순종하고 효도하면 효도하고 순종하는 자식을 낳는다

효 순　　환 생 효 순 자　　역　　환 생 역 자
孝順은 還生孝順子요 逆은 還生逆子하나니

불 신　　　단 간 두 수　　　점 점 적 적 불 차 이
不信커든 但看頭水하라 點點滴滴不差移니라.

부모님께 효도하고 순종하는 이는 또한 효도하고 순종하는 자식을 낳을 것이요, 부모님을 거스르고 거역하는 이는 또한 거스르고 거역하는 자식을 낳는다. 믿어지지 않거든 처마 끝의 낙수를 보라. 방울방울 떨어지는 것이 조금도 어긋남이 없느니라.

● 효순(孝順): 부모에게 효도하고 순종하는 것. 부모에게 효도하는 것이 나의 도리이지만, 의무감으로만 생각한다면 효도하기가 어려우므로 내가 보답 받을 것을 생각해서 애써 효도하라는 소극적 표현이다.

▸ 孝 효도 효, 順 순할 순, 還 돌아올 환, 生 날 생, 子 자식 자, 忤 거스를 오, 逆 거스를 역, 不 아닐 불, 信 믿을 신, 但 다만 단, 看 볼 간, 簷 처마 첨, 頭 머리 두, 水 물 수, 點 점 점, 滴 물방울 적, 差 어긋날 차, 移 옮길 이.

正己篇

정기편

나를 바르게 하여 하늘과 하나 되게 하라

남의 착한 일과 악한 일을 보며 거울로 삼아야 한다

성 리 서　　운　견 인 지 선　　　　이 심 기 지 선
性理書에 云, 見人之善이어든 而尋己之善하고

견 인 지 악　　　　이 심 기 지 악　　　여 차　　　방 시 유 익
見人之惡이어든 而尋己之惡이니 如此라야 方是有益이니라.

「성리서(性理書)」에 이르기를, 남의 착한 일을 보거든 내게도 그런 착한
점이 있는지 살펴보고, 남의 악한 일을 보거든 내게도 그런 나쁜 점이
있는지 살펴야 할 것이니, 이와 같아야 유익함이 있느니라.

● 성리서(性理書)는 송나라 때 유학자들이 인간의 심성과 우주원리에 대해 설
해 놓은 책으로 『논어』, 『맹자』, 『대학』, 『중용』, 『시경』, 『서경』, 『역경』 등을
바탕으로 인간의 바른 도리를 말씀해 놓은 책이다. 주로 정주학파(程朱學派)
의 이학(理學)을 가리키며 도학(道學)이라고도 한다. 내용은 주로 인간의 본
성과 하늘의 도를 중심으로 논하였다.

남에게 용서받는 일이 있어서는 안 된다

경 행 록   운   대 장 부   당 용 인   무 위 인 소 용
景行錄에 云, 大丈夫는 當容人이언정 無爲人所容이니라.

「경행록」에 이르기를, 대장부는 마땅히 남을 용서할 수 있을지언정 남에게 용서받는 일이 있어서는 아니 되느니라.

● 대장부란 정당한 행동을 당당하게 하는 사람이다. 나의 행동이 정당한 사람은 남의 잘못에 대해서는 너그러울 수가 있다. 그러므로 남의 잘못을 쉽게 용서하여 그로 하여금 스스로 뉘우쳐 올바른 곳으로 되돌아오게 하는 것이다.

▶ 大 큰 대, 丈 어른 장, 夫 사나이 부, 當 마땅 당, 容 용납할 용, 人 사람 인, 無 없을 무, 爲 할 위, 所 경우 소

교만은 패망의 길이다

태공 왈 물 이 귀 기 이 천 인
太公이 曰, 勿以貴己而賤人하고

물 이 자 대 이 멸 소 물 이 시 용 이 경 적
勿以自大而蔑小하고 勿以恃勇而輕敵하라.

태공이 말하였다.

자기의 몸이 존귀하다고 여겨 남을 천하게 여기지 말며, 자신을 위대하게 여겨 남을 작게 멸시하지 말며, 나의 용기에 의지해 적을 가벼이 보지 말라.

● 귀기(貴己): 자기를 귀하게 여긴다. 멸소(蔑小): 작은 것을 업신여긴다. 겸손은 자신의 덕을 기르는 길이요, 교만은 자신을 패망의 길로 이끄는 독소이다.

▶ 勿 말 물, 貴 귀할 귀, 而 말 이을 이, 賤 천할 천, 自 자기(나) 자, 蔑 업신여길 멸, 恃 믿을 시, 勇 과감할 용, 輕 가벼울 경. 敵 원수 적

남의 허물은 귀로는 들을지언정 입으로는 말하지 말아야 한다

마 원 왈　문 인 지 과 실　　여 문 부 모 지 명
馬援曰, 聞人之過失이어든 如聞父母之名하여

이 가 득 문　　구 불 가 언 야
耳可得聞이언정 口不可言也니라.

마원(馬援)이 말하였다.

남의 허물이나 실수를 듣거든 내 아버지 어머니의 이름을 들은 듯이
하여 귀로는 들을지언정 입으로는 말하지 말아야 하느니라.

● 여문부모지명(如聞父母之名): 부모의 이름을 듣는 것과 같이 한다. 부모의 이
름을 부르는 것을 듣기는 해도 자신의 입으로 부르지는 못한다. 아들이 부
모의 이름을 부르지 못하듯이 남의 과오에 대한 이야기는 하지 말라는 뜻
이다.

구시화문(口是禍門)이라는 말이 있다. 입은 화를 불러오는 문이라는
말로, 남의 과실이나 실수를 입에 올려 험담할 때 전하는 입이나 듣
는 귀는 모두 덕스럽지 못하다. 남의 허물을 말하고 들을 때 대부분
인간관계는 아름답지 못하게 된다. 따라서 들어도 못들은 척할 것이
다.

▶ 援 당길 원, 聞 들을 문, 過 허물 과, 失 잘못 실, 聞 들을 문, 名 이름 명, 耳 귀 이,
得 얻을 득, 聞 들을 문. 可 옳을 가

남이 다른 사람의 악행을 말하여도 동조하지 말라

강절소선생　왈　문인지방　　　미상노
康節邵先生이 曰, 聞人之謗이라도 未嘗怒하며

문인지예　　미상희　　문인지악
聞人之譽라도 未嘗喜하며 聞人之惡이라도

미상화　　문인지선　　즉취이화지
未嘗和하며 聞人之善이면 則就而和之하고

우종이희지　　기시왈 낙견선인
又從而喜之니라 其詩曰 樂見善人하고

낙문선사　　낙도선언　　낙행선의
樂聞善事하며 樂道善言하고 樂行善意하라

문인지악　　여부망자
聞人之惡이어든 如負芒刺하고

문인지선　　여패난혜
聞人之善이어든 如佩蘭蕙니라.

소강절 선생이 말하였다.

남이 나를 비방하는 말을 듣더라도 당장 성내지 말며, 남이 나를 칭찬하는 말을 듣더라도 당장 기뻐하지 말라. 남이 다른 사람의 악행을 말하여도 이에 곧바로 동조하지 말며, 남의 선행을 듣거든 함께 나아가 어울리고 또 따라 기뻐할지니라.

때문에 시(詩)에 이렇게 말하였다.

착한 사람 보기를 즐거워하고

착한 일 듣기를 즐거워하며
좋은 말은 즐겨 말하고
좋은 뜻은 즐겨 행하라.
남의 허물에 대해 듣거든
가시를 등에 진 것처럼 껄끄럽게 여기고,
남의 착함에 대해 듣거든
난초와 혜초를 몸에 찬 것처럼 여겨라.

● 방(謗): 비방, 즉 나쁘다고 비평하는 소리. 예(譽): 칭찬하는 말. 서로 어울려
   이야기를 하다 보면 남의 흠을 말하게 되는 경우가 많고, 거기에 부화뇌동
   하여 마치 즐거운 듯이 어울리게 되나 이것에 대해 조심해야 한다.

◆ 소강절(邵康節): 북송대 유학자이며 역학자이다. 상수역학에 탁월하였던 소강절
   선생은 사물의 이치에도 밝았으며 미래 예측까지 탁월하였다.

▶ 之 어조사 지, 謗 헐뜯을 방, 嘗 맛볼 상, 怒 성낼 노, 譽 칭찬할 예, 喜 기쁠 희, 和
   합치할 화, 就 나아갈 취, 而 말 이을 이, 從 좇을 종, 詩 시 시, 락 즐거울 낙, 聞 들
   을 문, 意 뜻 의. 負 질 부, 芒 까끄라기 망. 刺 찌를 자, 佩 찰 패, 蘭 난초 난, 蕙 혜
   초 혜

몸에 좋은 약은 입에 쓰다

도 오 선 자 　 시 오 적
道吾善者는 是吾賊이요

도 오 악 자 　 시 오 사
道吾惡者는 是吾師니라.

내가 잘한 것을 잘했다고 말하여 주는 사람은 곧 나를 해치는 사람이요,
내가 잘못한 것을 나쁘다고 말하여 주는 사람은 곧 나의 스승이니라.

● 여기서 도(道)란 '말한다.'의 뜻이다. 나의 좋은 점을 좋다고 말해주는 사람
은 그것이 진정에서 우러나온 말이라고 하더라도 나에게 교만한 마음이 생
기게 할 소지가 있기 때문에 오히려 나를 해치는 결과가 되기 때문이다.
이 말씀은 잘 분별하여 생각하여야 할 것이니 나의 단점을 깨우쳐 주
어 내가 발전할 수 있도록 진정한 마음으로 충고하는 사람은 나의 스
승이 된다. 우리 속담에 몸에 좋은 약은 입에 쓰다고 하는 양약고구
이어병(良藥苦口利於病)이라는 말이 있다. 충고는 쓰지만 모두 나를
단련시켜 성숙한 사람이 되게 함이다.

▶ 道 말씀 도, 吾 나 오, 善 착할 선, 者 사람 자, 是 이 시, 賊 해칠 적, 惡 추할 적, 師
스승 사

일을 이루어내지 못하는 것은 게으르기 때문이다

태공   왈   근 위 무 가 지 보   신 시 호 신 지 부
太公이 曰, 勤爲無價之寶요 愼是護身之符니라.

태공이 말하였다.

부지런함은 값을 헤아릴 수 없는 보배요, 조심함은 몸을 보호하는 부적(신표)이니라.

● '한 번 부지런하면 천하에 어려운 일이 없다.'는 말이 있다. 공자의 부지런함에 대해 '공석불난(孔席不暖)'이라는 말이 있다. '공석불난'은 공자의 자리는 따뜻할 날이 없었다는 뜻이다. 공자는 늘 부지런하여 자리에 오래 앉아 있지 않았다. 그는 배움에 부지런하여 자기 주변의 일에 대해 모두 익혔다. 또한 깊이 침잠하였으니 소(韶)라고 하는 음악을 듣고는 석 달이나 듣고 배움에 고기 맛을 잊었다고 한다. 우리가 어떤 일을 이루어내지 못하는 것은 게으르기 때문이다.

▶ 勤 부지런할 근, 爲 될 위, 無 없을 무, 價 값 가, 寶 보배 보, 愼 삼갈 신, 護 보호할 호, 身 몸 신. 符 부신 부

욕심을 덜어내기는 쉽지만 이름이 나지 않게 하기는 어렵다

경 행 록   왈   보 생 자   과 욕
景行錄에 日, 保生者는 寡慾하고

보 신 자   피 명   과 욕   이   무 명   난
保身者는 避名이니 寡慾은 易나 無名은 難이니라.

「경행록」에 이르기를, 삶을 잘 보전하려는 자는 욕심을 덜어내고, 몸을
잘 보전하려는 자는 이름을 피하나니, 욕심을 덜어내기는 쉬우나 이름
이 나지 않게 하기는 어려우니라.

● 고기가 낚시에 걸리는 것은 미끼를 탐냈기 때문이고, 피명(避名)으로 죽어간
  사람은 누구나 세상에 자신의 이름이 알려지기를 바라다가 당한 일이다.
  조선의 역사에서 효령대군은 피명(避名)한 것으로 유명하다. 그는 동
  생 충령대군에게 왕위를 양보하여 자신의 안위도 유지할 수 있었으
  며 동생을 도와 왕업에 많은 도움을 주었다. 또한 그의 자손은 번창
  하였다. 효령대군이 지혜로웠기에 가능한 일이었다. 사람은 죽어서
  이름을 남긴다고 하지만 지혜롭지 않다면 이름에 천착하여 불명예
  에 떨어질 수 있다.

▸ 保 지킬 보, 生 생명 생, 者 사람 자, 寡 덜어낼 과, 慾 욕심 욕, 身 몸 신, 避 피할
피, 名 이름 명. 易 쉬울 이. 無 없을 부, 難 어려울 난

여색과 다툼과 탐욕을 경계해야 한다

자 왈 군자유삼계 소지시 혈기미정
子曰, 君子有三戒하니 少之時엔 血氣未定이라

계 지 재 색 급 기 장 야 혈 기 방 강
戒之在色하고 及其壯也하여는 血其方剛이라

계 지 재 투 급 기 로 야 혈 기 기 쇠
戒之在鬪하고 及其老也하여는 血其旣衰라

계 지 재 득
戒之在得이니라.

공자께서 말씀하셨다.

군자에게는 세 가지 경계할 것이 있으니, 어릴 적에는 혈기가 아직 미성숙한지라 여색을 경계해야 하고, 장성함에 이르러는 혈기가 바야흐로 강성하나니 다툼을 경계해야 하고, 몸이 늙음에 이르러서는 혈기가 이미 쇠잔한지라 탐욕을 경계해야 하느니라.

● 여기서 말하는 혈기라는 것은 사람의 기운을 말하는 것이요. 이 기운이 육신의 힘을 지탱하는 정서적 요소가 되기 때문에 젊어서는 이성에 현혹되기 쉽고, 장성해서는 혈기가 방강하여 남을 이기려 들기 쉽다. 늙어서는 결핍된 기운으로 탐욕하기 쉽다.

▶ 君 남성 美稱 군, 子 선생님 자, 戒 경계할 계, 少 젊을 소, 色 색정 색, 壯 씩씩할 장, 剛 굳셀 강, 鬪 싸움 투. 老 늙을 로. 衰 쇠할 쇠, 得 이익 득.

노여움이 심하면 기력이 손상되고, 생각이 많으면 정신이 손상한다

손 진 인 양 생 명　운
孫眞人養生銘에　云하였으되,

노 심 편 상 기　사 다 태 손 신
怒甚偏傷氣요　思多太損神이라

신 피 심 이 역　기 약 병 상 인
神疲心易役이요　氣弱病相因이라

물 사 비 환 극　당 령 음 식 균
勿使悲歡極하고　當令飮食均하라

재 삼 방 야 취　제 일 계 신 진
再三防夜醉하고　第一戒晨嗔하라.

손진인(孫眞人)의 「양생명(養生銘)」에서 말씀하기를, 노여움(성냄)이 심하면 기력이 손상되고, 생각이 많으면 정신을 손상하게 된다.
정신이 피로하면 마음을 지치게 하고 기력이 약하면 병이 따라서 생긴다.
슬픔과 즐거움에 지나치지 말고 음식은 마땅히 고르게 섭취하라.
밤에 술 취하는 일을 거듭 삼가고 새벽에 화내는 일을 가장 경계하라.

▶ 孫 성씨 손, 眞 참 진, 養 기를 양, 銘 새길 명, 怒 성낼 노, 傷 상처 상, 思 생각 사, 損 덜 손. 神 정신 신. 疲 지칠 피, 氣 기운 기. 弱 약할 약, 病 병 병, 悲 슬플 비, 歡 기뻐할 환, 極 다할 극, 令 하여금 령, 均 고를 균, 防 막을 방, 醉 취할 취, 晨 새벽 신, 嗔 성낼 진

마음이 맑으면 꿈과 잠자리가 편안하다

경 행 록　　 왈　식 담 정 신 상　　 심 청 몽 매 안
景行錄에 曰, 食淡精神爽이요 心淸夢寐安이니라.

「경행록」에 이르기를, 음식이 담백하면 정신이 상쾌할 것이요, 마음이
맑으면 꿈과 잠자리가 편안할 것이다.

● 몸이 비대해지면 정신도 흐릿해진다. 이 비대한 증상을 막는 것이 바로 담
　백한 음식을 섭취하는 것이다. 마음이 어지러우면 꿈자리도 어지러운 법이
　다. 마음이 편안해야 몸도 건강해지며 잠자리도 편안하다.

▸ 食 먹을거리 식, 淡 담박할 담, 精 정기 정, 神 정신 신, 爽 시원할 상, 心 마음 심,
　淸 맑을 청, 夢 꿈 몽. 寐 잠잘 매. 安 편안할 안

마음을 고요히 하면 군자가 될 수 있다

정심응물   수부독서   가이위유덕군자
定心應物하면 雖不讀書라도 可以爲有德君子니라.

마음을 고요히 하여 다른 사람과 응대하면, 비록 책을 읽지 않았더라도 덕이 있는 군자가 될 수 있느니라.

● 마음이 안정됨은 사심이 없기 때문이요. 사심이 없음은 사리판단에 있어 정확할 수 있다. 따라서 이러한 마음으로 다른 사람을 응대해 나간다면 올바름에서 벗어나지 않을 것이다. 이와 같이 한다면 덕 있는 군자가 될 수 있다.

▶ 定 정할 정, 心 마음 심, 應 대응할 응, 物 나 외 다른 사람 물, 雖 비록 수, 讀 읽을 독, 書 글 서, 可 가히 가. 以 써 이. 爲 할 위, 有 있을 유. 德 어진행위 덕, 君 남자 美稱 군, 子 선생님 자

正己篇 13

분한 마음을 자제해야 한다

근 사 록   운   징 분   여 구 화   질 욕   여 방 수
近思錄에 云, 懲忿을 如救火하고 窒慾을 如防水하라.

「근사록」에 이르기를, 분한 마음(忿心) 누르기를 불 끄듯이 하고, 욕심
막기를 새는 물구멍 막듯이 하라.

● 징분(懲忿): 분한 마음을 일으키지 않도록 자제하는 것. 질욕(窒慾): 욕심이
  일어나지 않도록 자제하는 것.
  '분한 마음이 일어나면 어지러운 행동이 일어남을 생각하라.'는 말이
  있다. 분한 마음이 일어나면 마음이 어지러워져 거친 행동이 뒤따라
  위험이 있기에 하는 말이다.
◆ 근사록(近思錄): 남송(南宋) 때의 주자(朱子, 1130~1200)와 그의 제자 여조겸(呂祖
  謙, 1137~1181)이 함께 만든 책으로 주돈이, 정호, 정이, 장재의 글 가운데 초학자
  에게 지침이 되는 내용을 가려내 모두 14권 622조목으로 편찬된 책이다. 14권
  은 다음과 같다.
  1. 도체(道體), 2. 위학(爲學), 3. 치지(致知), 4. 존표(存表), 5. 극기(克己), 6.
  가도(家道), 7. 출처(出處), 8. 치체(治體), 9. 치법(治法), 10. 정사(政事), 11.
  교학(敎學), 12. 경계(警戒), 13. 변이단(辨異端), 14. 관성현(觀聖賢).

▶ 近 가까울 근, 思 생각할 사, 錄 기록문서 록, 云 이를 운, 懲 고칠 징, 忿 성낼 분,
  如 같을 여, 救 건질 구, 火 불 화, 窒 막을 질, 慾 욕심 욕, 防 막을 방. 水 물 수

正己篇 14

여색을 멀리 해야 한다

이견지   운 피 색   여 피 수
夷堅志에 云, 避色을 如避讐하고

피 풍   여 피 전   막 끽 공 심 다   소 식 중 야 반
避風을 如避箭하며 莫喫空心茶하고 少食中夜飯하라.

「이견지」에 이르기를, 미색(美色) 피하기를 마치 원수 피하듯이 하고,
바람나는 것 피하기를 마치 화살 피하듯이 하며, 빈속에 차를 마시지
말고, 야밤에 음식을 많이 먹지 말라.

● 이성의 교제가 남녀 사이의 생리적 필수이기는 하지만 이 이성에 매혹되면
여타의 일에 정신을 두기가 어려워진다. 그래서 모든 교훈에 이에 대한 경
계가 많았던 것이다.

◆ 이견지(夷堅志): 송대 학자 홍매(洪邁, 1123~1202)가 여러 지방의 진기한 이야기
를 모아 지은 책이다. 선인(仙人), 귀신(鬼神)의 이야기로 원래 32집 420권으로
편집되었는데 대다수가 없어지고 50여 권이 남았다. 이것이 1927년 장원제(張
源濟)에 의해 다시 편찬되었다. 정사(正史)에서 볼 수 없는 송대(宋代)의 사회상
을 투영하고 있어 역사적 자료로서 가치가 높다.

▶ 夷 오랑캐 이, 堅 굳을 견, 志 뜻 지, 云 이를 운, 避 피할 피, 色 색정 색, 讐 원수
수, 風 바람 풍, 箭 화살 전, 莫 말 막, 喫 마실 끽, 空 빌 공. 心 마음 심, 茶 차 다,
少 적을 소, 食 먹을 식, 中 가운데 중, 夜 밤 야, 飯 밥 반

논쟁을 피하고 시비 거리를 만들지 마라

순 자 왈　무 용 지 변　　불 급 지 찰　　기 이 물 치
荀子曰, 無用之辯과 不急之察은 棄而勿治하라.

순자가 말하였다.
쓸데없는 논쟁과 급하게 살피지 않아도 될 일은 버려두고 참견하지 마라.

● 쓸데없는 말은 공연히 말이 말을 낳아 시비 거리만 만들고 급하지 않은 일
  들은 미리 서두르면 심신만 피로하다.
◆ 순자(荀子): 순자(B.C.313~B.C.238년경)는 전국시대 조(趙)나라의 사상가로 이름
  은 황(況)인데, 순경(荀卿) 또는 손경(孫卿)이라고 불렸다. 제나라 양왕(襄王)을 섬
  겼으며 당시 제나라 국립학교인 직하학궁(直下學宮)에서 좨주(祭酒)가 되어 제자
  를 양성하였다. 그는 맹자의 성선설(性善說)을 반대하여 성악설(性惡說)을 주장
  하였다.

▶ 荀 풀이름 순, 子 선생님 자, 曰 말씀 왈, 無 없을 무, 用 쓸 용, 之 어조사 지, 辯
  말 잘할 변, 不 아닐 불, 急 급할 급, 察 살필 찰, 棄 버릴 기, 而 말 이을 이. 勿 말
  물, 治 다스릴 치

반드시 앞뒤를 살펴야 한다

자 왈   중   호 지   필 찰 언
子曰, 衆이 好之라도 必察焉하며

중   오 지   필 찰 언
衆이 惡之라도 必察焉이니라.

공자께서 말씀하셨다.
여러 사람들이 좋아하더라도 반드시 살펴 볼 것이며, 여러 사람들이
미워하더라도 반드시 살펴보아야 하느니라.

● 부화뇌동(附和雷同)이란 말이 있다. 남의 이야기에 비판 없이 동조하는 수가
  있다. 남의 잘잘못에 대하여 초연해야 하기도 하려니와 그 사실에 대해서
  도 나의 주견으로 살펴야 한다.

▶ 衆 무리 중, 好 좋아할 호, 之 대명사 지, 必 반드시 필, 察 살필 찰, 焉 어조사 언,
  惡 미워할 오

취중에 쓸데없는 말을 하지 마라

주 중 불 어　　진 군 자
酒中不語는　眞君子요

재 상 분 명　　대 장 부
財上分明은　大丈夫니라.

술 취한 중에 쓸데없는 말을 하지 않는 것이 참다운 군자요, 재물 거래
에 있어서 셈을 분명히 하는 것이 대장부니라.

● 술을 빌려 수작을 하려는 사람들이 의외로 많다. 군자는 술을 빌려
다른 목적을 성취하려고 하지 않는다. 술은 상호간의 좋은 기분을 돋
우면 그뿐이다. 재물거래에는 이득을 위해 속이는 경우가 있다. 군자
는 정당하게 할 뿐 속여 이득을 취하려고 하지 않는다.

▶ 酒 술 주, 中 가운데 중, 不 아닐 불, 語 말씀 어, 眞 참 진, 君 남자 미칭 군, 子 선
생님 자. 財 재물 재, 上 위 상, 分 구별할 분, 明 밝을 명, 大 큰 대, 丈 어른 장, 夫
사나이 부

모든 일을 너그럽게 처리해야 한다

만 사 종 관　　　기 복 자 후
萬事從寬이면 其福自厚니라.

모든 일을 너그럽게 처리하면 그 복이 저절로 두터워질 것이다.

● 마음이 넓다든가 마음이 깊다는 말들은 모두 너그러움을 뜻하는 말들이다. 너그러움이란 정확한 분별력과 사리판단을 할 수 있는 다음에 하는 것이다. 무엇이 잘못되었는지 알면서도 너그럽다면 많은 사람을 담아낼 수 있는 그릇이 될 것이다. 사람이 사회생활을 함에 있어서는 항시 남을 관대하게 대해야 하고 사물을 처리함에는 사리에 맞게 하여야 한다.

▶ 萬 일만 만, 事 일 사, 從 좇을 종, 寬 너그러울 관, 其 그 기, 福 복 복, 自 스스로 자. 厚 두터울 후

남을 헤아리기 전에 먼저 자신을 헤아려 보아라

태공 왈 욕량타인   선수자량
太公이 曰, 欲量他人이거든 先須自量하라

상인지어   환시자상   함혈분인   선오기구
傷人之語는 還是自傷이니 含血噴人이면 先汚其口니라.

태공이 말하였다.

남을 헤아려 보고자 한다면 먼저 자신을 헤아려 보라. 남을 해치려는
말은 오히려 자신을 해치는 것이니, 피를 머금어 남에게 뿌리면 먼저
자신의 입을 더럽혀야 하느니라.

● '처지를 바꾸어 놓고 생각하라.(易地思之)'는 말이 있다. 남을 대할 때 항상
   '나라면 어떨 것인가.' 하는 마음가짐이 매우 중요하다. 상대방의 처지에다
   나를 갖다놓고 생각하면 시시비비를 말하기가 어려운 경우가 많다.

▶ 欲 하고자 할 욕, 量 헤아릴 량, 他 다를 타, 須 모름지기 수, 傷 상처 상, 語 말씀
   어, 還 돌아올 환, 含 머금을 함, 血 피 혈, 噴 뿜을 분, 汚 더러울 오

오직 부지런함만이 보람이 있다

범 희   무 익
凡戱는 無益이요

유 근   유 공
惟勤이 有功이니라.

무릇 유희라는 것은 유익한 것이 없고, 오직 부지런함만이 보람이 있
느니라.

● 희(戱)는 희롱하다라고 할 때 가지고 논다는 뜻이지만 여기서는 돈이나 재
물을 걸고 하는 골패·마작·화투와 같은 것으로 공연한 사행심을 부추기는
것이다. 더구나 중독성이 강하여 끝내는 패가망신으로 향한다. 유익함이
전혀 없는 것이다. 그러나 부지런함은 작게는 자신의 안위를 지킬 수 있고
크게는 우공이 했던 것처럼 산을 옮길 수 있다.

▸ 凡 무릇 범, 戱 놀다(희롱할) 희, 益 이익 익, 惟 오직 유, 勤 부지런할 근

당초 오해받을 일은 하지 말아야 한다

태공 왈 과전 불납리
太公이 曰, 瓜田에 不納履하고

이하 불정관
李下에 不整冠이니라.

태공이 말하였다.

남의 참외밭을 지나갈 때에는 신을 고쳐 신지 말고, 남의 복숭아나무 아래에서는 모자를(갓을) 고쳐 쓰지 말라.

● 오해받을 일은 하지 말라는 교훈이다. 아무리 내 행위가 정당한 것이었다고 하더라도 오해를 받는다면 일을 이루기에는 쉽지 않다. 작은 오해라도 피하여야 한다.

▸ 瓜 오이 과, 田 밭 전, 納 들일 납, 履 신 리, 李 오얏 리, 整 가지런할 정, 冠 갓 관

노력하지 않으면 쉽게 허물어진다

경 행 록　　왈　심 가 일　　　형 불 가 불 로　　도 가 락
景行錄에 曰, 心可逸이언정 形不可不勞요 道可樂이언정

신 불 가 불 우　　형 불 로 즉 태 타 이 폐　　　신 불 우 즉 황 음 부 정
身不可不憂니 形不勞則怠惰易弊하고 身不憂則荒淫不定이라

고　　일 생 어 로 이 상 휴　　　낙 생 어 우 이 무 염
故로 逸生於勞而常休하고 樂生於憂而無厭하나니

일 락 자　　우 로　　기 가 망 호
逸樂者는 憂勞를 豈可忘乎아.

「경행록」에 이르기를, 마음은 편안히 할 수 있을지언정 몸은 수고하지
않을 수 없고, 도(道)는 즐길 수 있을지언정 마음은 근심하지 않을 수
없으니, 몸이 노력하지 않으면 게을러져서 쉽게 허물어지고, 마음에 근
심이 없으면 주색에 빠져서 안정되지 못한다. 그러므로 편안함은 수고
로움에서 생겨 항상 쉴 수 있고, 즐거움은 근심하는 데서 생겨 염증 냄
이 없나니, 편안하고 즐거운 자는 근심과 수고로움을 어찌 잊을 수 있
겠는가?

▶ 心 마음 심, 可 옳을 가, 逸 편안할 일, 形 육체 형, 勞 힘쓸 로, 道 법도 도, 樂 즐
  길 락, 身 몸 신, 憂 근심할 우, 怠 게으를 태, 惰 게으를 타, 弊 해질 폐, 荒 거칠
  황, 淫 음란할 음, 厭 싫을 염, 豈 어찌 기. 忘 잊을 망

남의 허물을 보지 말아야 한다

이 불 문 인 지 비   목 불 시 인 지 단
耳不聞人之非하고 目不視人之短하며

구 불 언 인 지 과   서 기 군 자
口不言人之過라야 庶幾君子니라.

귀로는 남의 그릇됨을 듣지 말고, 눈으로는 남의 단점을 보지 말며, 입
으로 남의 허물을 말하지 말아야 거의 군자에 가까우니라.

● 귀의 직능이 듣는 것이거늘 어떻게 남이 말하는 것을 안 듣느냐 하겠으나
　남이 사람들의 시비를 말하더라도 듣는 둥 마는 둥 귓가로 흘려버리고 그
　것을 새겨 두지 말라는 말이다.

▶ 耳 귀 이, 聞 들을 문, 非 거짓 비, 視 볼 시, 短 짧을 단, 過 지날, 허물 과, 庶 여러
　서, 幾 기미 기

말을 삼가기가 가장 어렵다

채 백 왈　희 노　　재 심　　언 출 어 구　　불 가 불 신
蔡伯曰, 喜怒는 在心하고 言出於口하나니 不可不愼이니라.

채백개가 말하였다.
기뻐하고 노여워함은 마음속에 있고, 말은 그것을 입 밖으로 내뱉는
것이니 삼가지 않을 수 없느니라.

● 희로애락의 감정은 마음에서 일어나는 것이기에 겉으로 표현하지 않으면
　그것이 화가 되지 않는다. 그러나 마음속에 일어난 것을 정서로 표현하지
　않기가 그리 쉽지 않다. 그러므로 무엇보다도 말을 삼가기가 가장 어려운
　것이다.

◆ 채백개(蔡伯喈) : 후한(後漢) 영제(靈帝)때의 학자로 이름은 옹(邕)이고 자(字)가
　백개(伯喈). 그는 효자로 유명했으며 천문학에 밝았다. 서예의 '영자팔법(永字八
　法)'을 고안하였다.

▶ 蔡 성씨 채, 伯 맏이 백, 喈 새소리 개, 喜 기쁠 희, 怒 성낼 노, 於 어조사 어, 愼
　삼갈 신

썩은 나무는 조각할 수 없다

재 여 주 침　　　 자 왈　 후 목　　 불 가 조 야
宰予晝寢이어늘 子曰 朽木은 不可雕也요

분 토 지 장　　 불 가 야
糞土之墻은 不可也니라.

재여(宰予)가 낮잠 자는 것을 보고, 공자께서 말씀하셨다.
썩은 나무는 조각할 수 없고, 썩은 흙 담장은 흙손질할 수 없느니라.

● 공부를 한다는 것은 인간의 심성을 부단히 연마해 가는 것이다. 그런데 정
　진하여야 할 이 낮 시간에 자고 있다는 것은 정신적으로 썩어가고 있다고
　나무란 것이다. 이 썩은 나무에 어떻게 덕성(德性)의 수식을 할 수 있단 말
　인가

◆ 재여(宰予) : 공자의 제자로서 재여는 자가 자아(子我)이다. 공문십철(孔門十哲)의
　한 사람으로 공자 사후에 공자학파 설립에 공헌을 하였다. 자공(子貢)과 더불어
　언변(言辯)에 능하였던 재자로 알려져 있는데 수업시간이면 졸음을 참지 못하
　였던 듯하다.

▶ 宰 재상 재, 予 나 여, 晝 낮 주, 寢 잠잘 침, 朽 썩을 후, 雕 새길 조, 糞 똥 분, 墻
　담 장, 圬 흙손질할 오, 也 어조사 야.

평생 스스로 경계해야 한다

자허원군 성유심문　왈
紫虛元君 誠諭心文에 曰,

복 생 어 청 검　　덕 생 어 비 퇴
福生於淸儉하고 德生於卑退하고

도 생 어 안 정　　명 생 어 화 창
道生於安靜하고 命生於和暢하니라

환 생 어 다 욕　　화 생 어 다 탐　　과 생 어 경 만　　죄
患生於多慾하고 禍生於多貪하고 過生於輕慢하고 罪

생 어 불 인　　계 안　　막 간 타 비
生於不仁이니라 戒眼하여 莫看他非하고

계 구　　막 담 타 단　　계 심　　막 자 탐 진　　계 신
戒口하여 莫談他短하고 戒心하여 莫自貪嗔하고 戒身하여

막 수 악 반　　무 익 지 언　　막 망 설
莫隨惡伴하라 無益之言을 莫妄說하고

불 간 기 사　　막 망 위　　존 군 왕　　효 부 모
不干己事를 莫妄爲하라 尊君王 孝父母하며

경 존 장 봉 유 덕　　별 현 우 서 무 식
敬尊長 奉有德하고 別賢愚 恕無識하라

물 순 래 이 물 거　　물 기 거 이 물 추
物順來而勿拒하고 物旣去而勿追하며

신 미 우 이 물 망　　사 이 과 이 물 사
身未遇以勿望하고 事已過而勿思하라

총 명　　다 암 매　　산 계　　실 편 의　　　손 인 종 자 실
聰明도　多暗昧요　算計도　失便宜니라　損人終自失이요

의 세 화 상 수　　　계 지 재 심　　　수 지 재 기
依勢禍相隨라　戒之在心하고　守之在氣라

위 부 절 이 망 가　　　인 불 렴 이 실 위
爲不節而亡家하고　因不廉而失位니라

권 군 자 경 어 평 생　　　　가 탄 가 경 이 가 외
勸君自警於平生하노니　可歎可驚而可畏니라

상 림 지 이 천 감　　　하 찰 지 이 지 기
上臨之以天鑑하고　下察之以地祇라

명 유 삼 법 상 계　　　암 유 귀 신 상 수
明有三法相繼하고　暗有鬼神相隨라

유 정 가 수　　　심 불 가 기　　　계 지 계 지
惟正可守요　心不可欺니　戒之戒之하라.

자허원군의「성유심문」에서 말하였다.

복(福)은 청렴하고 검소한 데서 생기고, 덕(德)은 자신을 낮추고 겸손한 데서 생기며, 도(道)는 편안하고 고요한 데서 생기고, 생명(生命)은 화창(和暢)한 데서 생기느니라.

근심은 욕심이 많은 데서 생기고, 재앙은 탐(貪)하는 마음이 많은 데서 생기며, 과실(過失)은 가볍고 게으른 데서 생기고, 죄악(罪惡)은 어질지 못한 데서 생기느니라.

눈은 경계하여 다른 사람의 그릇됨을 보지 말고, 입은 경계하여 다른 사람의 결점을 말하지 말라. 마음은 경계하여 탐내고 성내지 말고, 몸은 경계하여 나쁜 벗을 따르지 말라.

무익한 말은 함부로 하지 말며, 내게 관계없는 일은 쓸데없이 간여하

지 말라.

오로지 군왕(君王)을 높이고, 부모에게 효도하며, 존장(尊長)을 공경하고, 덕이 있는 이를 받들며, 똑똑한 이와 어리석은 이를 분별하고, 무식한 사람을 용서하라.

일이 순리(順理)로 오거든 물리치지 말고, 일이 이미 지나갔거든 뒤쫓지 말며, 몸이 때를 만나지 못하여 불우(不遇)에 처했더라도 바라지 말고, 일이 이미 지나갔거든 더 이상 생각지 말라.

총명한 사람도 잘못 판단할 때가 많고, 계획을 잘 세웠어도 편의(便宜)를 잃는 수가 있는 것이다. 남을 손상(損傷)입히면 마침내 자기가 손상을 입게 되고, 권세에 의존하면 재앙이 서로 따를 것이다. 경계하는 것은 마음에 달려 있음이요, 지키는 것은 기운에 달려 있다. 절약하지 않음으로써 집안을 망치고, 청렴하지 않음으로써 지위(地位)를 잃느니라. 그대에게 평생 스스로 경계할 것을 권하노니, 탄식할 만하고 놀랄 만하고 두려워할 만한 것이다. 위에서는 하늘의 거울이 내려다보고 있고, 아래에는 땅의 신령이 살피고 있느니라. 밝게 세 법(三法)이 서로 이어져 있고, 암연히 귀신이 서로 따르고 있느니라. 오직 바른 도리를 지킬 것이요, 양심을 속이지 말 것이니, 이 가르침을 경계하고 더욱 경계하라.

● 성유심문(誠諭心文): 정성껏 마음을 깨우치는 글. 비퇴(卑退): 비는 몸을 낮추는 것, 퇴는 겸손한 것. 화창(和暢): 마음씨가 부드럽고 밝은 것. 불간기사(不干己事): 干은 관계되는 것, 己事는 자기일, 즉 자기에게 관계없는 일.

◆ 자허원군(紫虛元君): 도가(道家)와 관련된 여자 신선으로 알려져 있으나 자세하지는 않다. 자허(紫虛)란 맑은 하늘에 자줏빛이 비침을 말한다. 원군(元君)은 여자신선에 대한 미칭이다.

▶ 紫 자줏빛 자, 儉 검소할 검, 卑 낮을 비, 靜 고요할 정, 暢 펼 창, 患 근심 환, 慈

욕심 욕, 禍 재화 화, 貪 탐할 탐, 過 허물 과, 慢 게으를 만, 罪 허물 죄, 仁 어질 인, 戒 경계할 계, 眼 눈 안, 看 볼 간, 瞋 성낼 진, 伴 짝 반, 益 이득 익, 說 말씀 설, 干 방패 간, 事 일 사, 尊 높을 존, 孝 효도 효, 敬 공경할 경, 長 어른 장, 奉 받들 봉, 別 나눌 별, 賢 똑똑할 현, 愚 어리석을 우, 識 알 식, 恕 용서할 서, , 順 순할 순, 拒 막을 거, 旣 이미 기, 遇 만날 우, 望 바랄 망, 聰 귀 밝을 총, 昧 어두울 매, 便 편할 편, 宜 마땅 의, 勢 기세 세, 戒 경계할 계, 守 지킬 수, 氣 기운 기, 節 마디 절, 因 인할 인, 廉 청렴할 렴, 勸 권할 권, 君 그대 군, 歎 탄식할 탄, 驚 놀랄 경, 畏 두려워할 외, 臨 맡을 림, 鑑 거울 감, 察 살필 찰, 祇 토지신 기, 繼 이을 계

安分篇

안분편

자기의 분수에 만족해야 한다

탐욕에 힘쓰면 곧 근심과 걱정이 생긴다

경 행 록　　운
景行錄에 云,

지 족 가 락　　　무 탐 즉 우
知足可樂이나 務貪則憂니라.

「경행록」에 이르기를, 만족할 줄을 알면 즐거울 수 있으나, 탐욕에 힘쓰면 곧 근심과 걱정이 생기느니라.

● 지족(知足)은 도교의 무위자연에서 비롯한 정신으로 넉넉하다 만족하다를 일컬음. 만족은 물질에 있는 것이 아니라 정신에 있는 것이다. 이 정신이 곧 마음이다. 마음으로 만족하게 여기면 즐거운 마음이 저절로 생긴다. 탐욕은 물질적 욕심이다. 이 물질적 욕심에는 만족을 기대할 수가 없다.

▸ 安 편안할 안, 分 분수 분, 知 알 지, 足 만족할 족, 務 힘쓸 무, 貪 탐할 탐, 則 곧 즉, 憂 근심할 우

만족할 줄 아는 사람은 가난하고 낮은 자리에 있어도 즐겁다

지 족 자　　빈 천 역 락
知足者는 貧賤亦樂하고

부 지 족 자　　부 귀 역 우
不知足者는 富貴亦憂니라.

만족할 줄 아는 사람은 가난하고 낮은 자리에 있어도 즐거워할 줄 알
고, 만족할 줄을 모르는 사람은 부자가 되고 귀해졌어도 걱정스럽기만
하다.

● 만족함을 안다는 마음 자세가 가장 중요한 것이다. 만족할 줄 모른다면 인
　간의 욕망은 끝이 없어 가지고 가져도 더욱 갈증만 더해질 뿐이다.

▸ 貧 가난할 빈, 賤 천할 천, 亦 또 역, 樂 즐거울 락, 知 알지, 富 부할 부, 貴 귀할
　귀. 憂 근심 우

지나치면 도리어 마음과 정신을 상하게 한다

남 상　　도 상 신
濫想은 徒傷神이요

망 동　　반 치 화
妄動은 反致禍니라.

지나친 생각은 한갓 정신을 상하게 할 뿐이요, 망령된 행동은 도리어 재앙을 부르느니라.

● 남상(濫想)이란 쓸데없는 생각을 의미한다. 생각이란 일에 적중하려는 것인데 생각이 모자라거나 지나치면 도리어 마음과 정신을 상하게 한다. 행동이란 일을 실천하는 것인데 망령된 행동은 분수가 없는 것이므로 오히려 재앙을 일으킨다.

▶ 濫 넘칠 람, 想 생각할 상, 徒 한갓 도, 傷 상처 상, 神 정신 신, 妄 허망할 망, 動 움직일 동, 反 돌이킬 반, 致 이를 치, 禍 재앙 화

자기 분수에 만족해야 한다

지 족 상 족 　　종 신 불 욕
知足常足이면 終身不辱하고

지 지 상 지 　　종 신 무 치
知止常止면 終身無恥니라.

만족할 줄을 알아 항상 만족한다면 평생토록 욕됨이 없고, 그칠 줄을
알아 항상 멈춘다면 평생토록 부끄러움이 없게 되느니라.

● 종신(終身): 몸이 죽을 때까지. 지족(知足): 만족할 줄 아는 것.

　만족함을 안다는 것은 자기의 분수를 안다는 것이다. 공자님의 말씀에, '제
　자리가 아니면 그 일을 도모하지 말라.(不在其位不謀其政)'는 말이 있다. 자기
　분수에 만족하라는 말이다.

▶ 知 알지, 常 항상 상, 終 마칠 종, 身 몸 신, 辱 욕될 욕, 止 머물 지, 無 없을 무, 恥
　부끄러워할 치

달도 차면 기운다

서 경   왈
書經에 曰,

만 초 손   겸 수 익
滿招損하고 謙受益이니라.

「서경」에 이르기를, 가득 차면 덜어냄을 부르고, 겸손하면 이로움을 받는다.

● 『서경』(書經) 「대우모편」(大禹謨篇)의 내용이다. 주역의 핵심미학인 물극필반(物極必反)의 원리를 적용한 말이다. 달이 차면 기운다는 말은 모든 것이 절정에 이르면 다음에 오는 내리막길을 생각하라는 교훈이다. 내리막길을 다 내려가면 다시 올라감이 있게 될 것이다.

◆ 서경(書經) : 서경은 중국 문헌 가운데 가장 오래된 문헌 중의 하나이고 시경(詩經)·역경(易經)과 함께 삼경(三經)에 속한다. 공자가 편술한 것이다. 도중에 실전되어 흩어졌던 것을 주자(朱子)의 유지를 받아 채침(蔡沈)이 1167~1230년경에 전6권으로 완성하였다. 내용은 중국의 요순(堯舜)에서부터 주(周)나라 때까지의 정사(政事)에 관한 역사서(歷史書)이다.

▶ 書 문서 서, 經 경서 경, 曰 말씀 왈, 滿 찰 만, 招 부를 초, 損 덜 손, 謙 겸손할 겸, 受 받을 수, 益 더할 익

安分篇 6

분수에 만족하면 몸에 욕됨이 없다

격양시   왈   안 분 신 무 욕
擊壤詩에 曰, 安分身無辱이요

지 기 심 자 한   수 거 인 세 상   각 시 출 인 간
知機心自閑이라 雖居人世上이나 却是出人間이니라.

「격양시」에 이르기를, 분수에 만족(편안)하면 몸이 욕됨이 없고, 기미(천기)를 알면 마음이 절로 한가하다. 비록 속된 세상에 살더라도 도리어 속세간을 벗어나 있느니라.

● 지기(知機): 세상일의 돌아가는 기틀을 안다. 각시(却是): 도리어 오히려. 분수를 알면 몸이 편안하다.

◆ 격양시(擊壤詩): 송(宋)나라 소옹(邵雍)의 20권으로 편성된 책 가운데 이천경양집(伊川擊壤集)에 있는 시로 안분음(安分吟)이라고도 한다. 안분(安分)은 '편안한 마음으로 분수를 지킨다.'의 뜻이다.

▶ 擊 부딪칠 격, 壤 흙 양, 詩 시 시, 安 편안할 안, 分 분수 분, 身 몸 신, 無 없을 무, 辱 욕 욕, 知 알 지, 機 틀(천기) 기, 閑 한가할 한, 雖 비록 수, 居 있을 거, 世 인간 세, 却 도리어 각, 出 날 출, 間 사이 간

자기 분수에 맞게 처신해야 한다

자 왈 부 재 기 위   불 모 기 정
子曰, 不在其位면 不謀其政이니라.

공자께서 말씀하셨다.
그 지위에 있지 않으면 (자기 분수에서 벗어난) 정치의 일을 도모하지 말지니라.

● 『논어』(論語) 「태백편」(泰伯篇)의 내용이다. 자기 분수에 맞게 처신하라고 하는 말이다.

▶ 子 선생님 자, 曰 말씀 왈, 不 아닐 불(부), 在 있을 재, 其 그 기, 位 자리 위, 謀 꾀할 모, 政 정사 정

存心篇

존심편

바르고 착한 마음을 간직해야 한다

항시 마음을 조심해야 한다

경 행 록   운   좌 밀 실   여 통 구
景行錄에 云, 坐密室을 如通衢하고

어 촌 심   여 육 마   가 면 과
馭寸心을 如六馬하면 可免過니라.

「경행록」에 이르기를, 은밀한 방에 앉아 있더라도 마치 네 거리로 통해
있는 곳처럼 생각하고, 마음 제어하기를 마치 여섯 필의 말을 부리듯
하면 허물을 면할 수 있느니라.

● 밀실(密室): 아무도 보지 않는 비밀스런 방. 통구(通衢): 사방으로 통하는 큰
  길. 항시 마음을 조심하라는 뜻이다. 몸가짐을 단정히 한다는 것은 남이라
  는 상대를 의식하기 때문이다.

▶ 坐 앉을 좌, 密 은밀할 밀, 室 방 실, 如 같을 여, 通 통할 통, 衢 네거리 구, 馭 말
  부릴 어, 寸 마디 촌, 心 마음 심, 馬 말 마, 免 면할 면, 過 허물 과

부나 출세가 누구에게나 있는 것은 아니다

격 양 시　운　부 귀　여 장 지 력 구　　중 니 연 소 합 봉 후
擊壤詩에 云, 富貴를 如將智力求라면 仲尼年少合封侯라

세 인　불 해 청 천 의　공 사 신 심 반 야 수
世人은 不解靑天意하고 空使身心半夜愁니라.

「격양시」에 이르기를, 부귀를 지혜의 힘으로 얻을 수 있다면, 공자(중니)는 젊은 나이에 마땅히 제후(諸侯)에 봉해졌을 것이요. 세상 사람들은 푸른 하늘의 뜻을 이해하지 못하고, 부질없이 심신으로 하여금 한밤을 근심으로 보내는구나.

● 노력에 따라 부자가 된다든가 출세를 한다는 것이 있는 일이기는 하다. 그러나 바라는 것만큼의 부나 출세가 누구에게나 있는 것이 아니다. 이것을 천명(天命)이라고 생각하는 것이 순리이다.

▸ 富 넉넉할 부, 貴 귀할 귀, 如 같을 여, 將 장차 장, 智 지혜 지, 求 구할 구, 仲 버금 중, 尼 산이름 니, 年 연령 년, 合 합할 합, 封 봉할 봉, 侯 제후 후, 解 풀 해, 空 빌 공, 使 하여금 사, 愁 시름 수

자기 자신을 용서하는 마음으로 타인을 용서해야 한다

범 충 선 공　　 계 자 제 왈　 인 수 지 우　　 책 인 즉 명
范忠宣公이 戒子弟曰, 人雖至愚나 責人則明하고

수 유 총 명　　 서 기 즉 혼　　　 이 조　　단 당　상 이 책 인 지 심
雖有聰明이나 恕己則昏이라 爾曹는 但當(常)以責人之心으로

책 기　　서 기 지 심　　　 서 인　　　즉 불 환 부 도 성 현 지 위 야
責己하고 恕己之心으로 恕人이면 則不患不到聖賢地位也니라.

범충선공(范忠宣公)이 자제에게 훈계하여 말하였다.

사람이 비록 지극히 어리석은데도 남을 꾸짖는 데는 밝고, 비록 총명
함이 있으나 자기를 용서함에는 곧 어둡다.

너희들은 마땅히 타인을 꾸짖는 마음으로 자기 자신을 꾸짖고, 자기
자신을 용시하는 마음으로 타인을 용서한다면 성현(聖賢)의 경지에 이
르지 못할까 걱정하지 않아도 될 것이니라.

● 누구나 자신의 허물은 못 보아도 남의 허물은 잘 보기 마련이다. 좋은 일은
　 내 공적으로 삼으려 하고 나쁜 일은 남에게 책임 지우려 하는 것이 사람의
　 심리이다. 이것을 잘 알아 좋은 일의 공적은 함께 나누고 나쁜 일의 책임도
　 남에게 전가하지 말아야 성숙한 인간이 될 것이다.

▶ 戒 경계할 계, 雖 비록 수, 責 꾸짖을 책, 明 밝을 명, 聰 총명할 총, 恕 용서할 서,
　 昏 어두울 혼, 爾 너 이, 曹 무리 조, 患 근심 환, 聖 성스러울 성, 賢 어질 현

겸손한 마음으로 자신을 지켜야 한다

자 왈　총 명 사 예　　 수 지 이 우
子曰, 聰明思睿라도 守之以愚하고

공 피 천 하　　 수 지 이 양　　 용 력 진 세　　 수 지 이 겁
功被天下라도 守之以讓하고 勇力振世라도 守之以怯하고

부 유 사 해　　 수 지 이 겸
富有四海라도 守之以謙이니라.

공자께서 말씀하셨다.

총명하고 사려 깊고 지혜롭더라도 자신이 어리석다는 마음으로 자신을 지켜야 하고, 공(功)이 천하에 미쳤더라도 사양함으로써 자신을 지켜야 하고, 용맹스런 힘이 온 세상에 떨쳐졌음에도 겁냄으로써 자신을 지켜야 하고, 천하를 소유한 부자라도 겸손한 마음으로써 자신을 지켜야 하느니라.

● 사예(思睿): 생각이 깊고 밝아 지혜로움. 진세(振世): 세상을 명예로 진동시킴. 총명과 어리석음, 공(功)과 겸양, 용맹과 비겁, 부자와 겸손은 사실 두 끝으로 대립되는 것이다. 크게 현명한 이는 어리석은 이와 같다.(大賢如愚)

▶ 聰귀 밝을 총, 明밝을 명, 思생각 사, 睿깊고 밝을 예, 守지킬 수, 愚어리석을 우, 功공 공, 被이불 필, 讓사양할 양, 勇날쌜 용, 振떨칠 진, 怯겁낼 겁, 海바다 해, 謙겸손할 겸

빈곤했던 때를 잊어서는 안 된다

소 서　　운　박 시 후 망 자　　불 보
素書에 云, 薄施厚望者는 不報하고

귀 이 망 천 자　　불 구
貴而忘賤者는 不久니라.

「소서」에 이르기를, 야박하게 베풀고서 크게 바라는 이에게는 보답이 없고, 몸이 귀하게 되었더라도 빈천했던 때를 잊은 자는 오래가지 못하느니라.

- 망천(忘賤): 불우했던 시절을 잊는 것.
  받기를 좋아하고 주기를 싫어하는 것이 보통 사람들의 심정이기는 하지만 남에게 베풀어 놓고 꼭 보답을 바란다면 이것은 은혜일 수 없다.
- 소서(素書): 진(秦)나라 말기 병가(兵家)인 황석공(黃石公)이 지은 책이라고 하며, 송나라 때 장상영(張商英)이 주를 달아 6편으로 구성한 병서(兵書)이다.

▶ 素 본디 소, 書 글 서, 薄 엷을 박, 施 베풀 시, 厚 두터울 후, 望 바랄 망, 報 갚을 보, 貴 귀할 귀, 而 말 이을 이, 忘 잊을 망, 賤 천할 천. 久 오랠 구

은혜를 베풀려거든 보답을 바라서는 안 된다

시 은　　　　물 구 보
施恩이어든 勿求報하고

여 인　　　　물 추 회
與人이어든 勿追悔하라.

은혜를 베풀려거든 보답을 바라지 말고, 남에게 줄려거든 뒤에 뉘우쳐 아까워하지 말라.

● 은혜를 베풀고 상응한 보답을 바란다면 은혜가 아니고, 남에게 주고 준 것을 아까워한다면 준 은혜가 없는 것이다.

▶ 施 베풀 시, 恩 은혜 은, 勿 말 물, 求 구할 구, 報 갚을 보, 與 줄 여, 勿 말 물, 追 쫓을 추, 悔 뉘우칠 회

存心篇 7

담력은 크고 마음가짐은 섬세해야 한다

손 사 막　왈　담 욕 대 이 심 욕 소
孫思邈이 曰, 膽欲大而心欲小하고

지 욕 원 이 행 욕 방
知欲圓而行欲方이니라.

손사막(孫思邈)이 말하였다.
담력(膽力)은 크고자 하되 마음가짐은 섬세하게 하고, 지혜는 원만하고
자 하되 행동은 방정(方正)하고자 해야 하느니라.

● 담력은 큰 것이 좋고 마음가짐은 섬세한 것이 좋다. 지혜는 두루 미쳐야 하
며 행동은 반듯한 것이 좋다.

◆ 손사막(孫思邈) : 당(唐)나라 때 유명한 의원(醫員)으로 노장사상과 제자백가 그
리고 음양학에 정통한 학자이다. 652년에『천금요방』(千金要方), 681년에『천금
익방』(千金翼方)을 지었다. 후세에 약왕(藥王)으로 칭송되었다.

▶ 孫 성씨 손, 思 생각 사, 邈 멀 막, 膽 쓸개 담, 欲 하고자 할 욕, 圓 둥글 원, 行 행
할 행, 方 모 방

항상 신중해야 한다

염 념 요 여 림 전 일
念念要如臨戰日하고

심 심 상 사 과 교 시
心心常似過橋時니라.

깊이 생각하기를 마치 전쟁터에 나가는 것처럼 신중해야 하며, 마음은
항상 외나무다리를 건널 때와 같이 조심해야 한다.

● 생각이나 마음가짐을 항상 조심하라는 말이다.

▶ 念 생각할 념, 要 구할 요, 如 같을 여, 臨 임할 림, 戰 싸울 전, 常 항상 상, 似 같
  을 사, 過 지날 과, 橋 다리 교

법은 인간사회의 질서이다

구 법 　　　조 조 락
懼法이면 朝朝樂이요

기 공 　　　일 일 우
欺公이면 日日憂니라.

법을 두려워하면 아침마다 즐겁고, 공적인 일을 속이면 날마다 근심하
게 되느니라.

● 법은 인간사회의 질서를 말함이다. 사회는 남과 어울려 사는 곳이니, 이 어
　울림에는 거기에 알맞은 질서가 필요하다. 이 질서를 정해놓은 것이 법이
　요. 이것을 어기면 어떤 처벌을 가해야 하니 그것이 형벌인 것이다.

▸ 懼 두려워할 구, 法 법 법, 朝 아침 조, 樂 즐거울 락, 欺 속일 기, 公 공변될 공, 憂
　근심할 우

입은 모든 화의 근원이다

주 문 공   왈
朱文公이 曰,

수 구 여 병   방 의 여 성
守口如甁하고 防意如城하라.

주문공[주자(朱子)]이 말하였다.
입을 지켜 말을 삼가함은 마치 병에 병 막음같이 하고, 의념 지키기는
성문을 지키듯이 하라.

● '입은 모든 화의 근원'이라는 말이 있다. 한마디의 말이 몸을 망치고 사회를
   그르칠 수 있다. 이 말은 이러한 것을 경계한 말이다.

◆ 주문공(朱文公) : 남송(南宋)의 주자(朱子)를 일컬음. 성은 주(朱)이고 이름은 희
   (熹)이고 자는 원회(元晦) 또는 중회(仲晦)이며, 호는 회암(晦菴) 또는 회옹(晦翁)
   임. 문공(文公)은 그의 학덕을 기려 조정에서 내려 준 시호임. 북송의 성리학자
   주렴계, 정호, 정이, 장재를 계승하여 성리학을 세웠다.

▶ 朱 성씨 주, 文 글 문, 公 귀 공, 守 지킬 수, 口 입 구, 甁 병 병, 防 막을 방, 意 뜻
   의, 城 성 성

사람의 얼굴은 마음과 같다

심 불 부 인
心不負人이면

면 무 참 색
面無慙色이니라.

마음속으로 남을 저버리지 않는다면 얼굴에 부끄러운 빛이 없느니라.

● '사람의 얼굴은 마음과 같다.(人面如心)'는 말이 있다. 마음은 볼 수가 없는
  것이나, 행위의 모든 것이 마음에서 시키지 않는 것이 없다. 그러면서도 마
  음의 동요가 제일 먼저 나타나는 곳이 얼굴빛이다.

▶ 心 마음 심, 不 아닐 불, 負 등질, 저버릴 부, 人 사람 인, 面 얼굴 면, 無 없을 무,
  慙 부끄러울 참, 色 빛 색

허황된 공상을 해서는 안 된다

인 무 백 세 인   왕 작 천 년 계
人無百歲人이나 枉作千年計니라.

사람으로서 백 년을 사는 사람은 거의 드문데, 부질없이 천 년을 살 것
처럼 계획을 세우느니라.

현실에 충실하지 않고 허황된 공상에 매달리는 사람에 대한 훈계이다. 백이
라는 수는 수의 극치를 말한다. 사람의 삶은 무한수의 극치를 누리는 것이 아
니라 유한한 것이다.

▶ 人 사람 인, 無 없을 무, 百 일백 백, 歲 해 세, 枉 굽을 왕, 作 지을 작, 千 일천 천,
　年 해 년, 計 꾀 계

뒤에 올 일을 미리 생각하여 사전에 힘써야 한다

구 래 공 육 회 명　　운
寇萊公六悔銘에　云,

관 행 사 곡 실 시 회　　　부 불 검 용 빈 시 회
官行私曲失時悔하고　富不儉用貧時悔니라

예 불 소 학 과 시 회　　　견 사 불 학 용 시 회
藝不少學過時悔하고　見事不學用時悔니라

취 후 광 언 성 시 회　　　안 부 장 식 병 시 회
醉後狂言醒時悔하고　安不將息病時悔니라.

구래공(寇萊公)이 「육회명(六悔銘)」에 이르기를, 버슬자리에 있을 때 사
사로운 이득을 취하고 잘못된 일을 행하면 직위를 잃을 때 후회하고,
부유할 때에 아껴 쓰지 않으면 가난해졌을 때에 후회하느니라. 어려서
기예(技藝)를 배우지 않으면 때를 놓치고서 후회하고, 일에 마주했을
때에 배우지 않으면 필요하게 되었을 때에 후회하느니라. 술 취한 때
에 함부로 쏟아놓은 말은 깨어났을 때 후회하고, 몸이 건강했을 때에
휴식을 취하지 않으면 병들었을 때 후회하느니라.

● 이 글은 뒤에 올 일을 미리 생각하여 사전에 힘쓰라는 교훈이다. 후회라는
　말은 한 일을 지나고 나서 뉘우친다는 말이지만, 이때는 뉘우쳐도 지난 과
　거가 되살아날 수 없기에 더욱 어려운 것이다.
◆ 구래공(寇萊公) : 이름은 준(準)이고 자는 평중(平仲)으로 송(宋)나라 때의 어진
　정치가임. 19세에 진사가 되었다. 요(遼)나라가 침입했을 때 전주에서 맹약(盟

約)을 맺어 시국을 수습하여 그 공로로 내국공(萊國公)에 봉해졌음으로 구래공
(寇萊公)이라 불렀다. 시를 잘 지었는데 시풍(詩風)은 당시(唐詩)의 호사스런 분위
기와 유사하다. 육회명(六悔銘) : 여섯 가지 후회될 일을 경계하는 글임.

▸ 寇 도둑 구, 菨 쑥 래, 悔 뉘우칠 회, 銘 새길 명, 官 벼슬 관, 行 다닐 행, 私 개인
사, 曲 굽을 곡, 儉 검소할 검, 藝 기예 예, 醉 취할 취, 後 뒤 후, 狂 미칠 광, 醒 술
깰 성, 安 편안 안, 將 장차 장, 息 쉴 식. 病 병들 병.

집에 사고가 있으면 아무 소용이 없다

익 지 서　　　운　영 무 사 이 가 빈　　　　막 유 사 이 가 부
益智書에 云, 寧無事而家貧이언정 莫有事而家富요

영 무 사 이 주 모 옥　　　불 유 사 이 주 금 옥
寧無事而住茅屋이언정 不有事而住金屋이요

영 무 병 이 식 반　　　　불 유 병 이 복 양 약
寧無病而食飯이언정 不有病而服良藥이니라.

「익지서」에 이르기를, 차라리 별 탈 없으면서 집이 가난할지언정 사고
있으면서 집이 부자 되지 말 것이요, 차라리 별 탈 없으면서 초가에 살
지언정 사고 있으면서 좋은 집에서 살지 말 것이요, 차라리 병이 없으
면서 거친 밥을 먹을지언정 병이 있으면서 좋은 약을 복용하지 말 것
이니라.

사고가 있으면 좋은 집이나 음식이 아무 소용이 없다는 말이다.

▶ 益 더할 익, 智 슬기 지, 書 책 서, 寧 차라리 영(녕), 無 없을 무, 事 일 사, 家 집
가, 貧 가난할 빈, 莫 말 막, 富 넉넉할 부, 住 살 주, 茅 띠 모, 屋 집 옥, 金 황금 금,
病 병 병, 食 먹을 식, 麤 거칠 추, 飯 밥 반, 服 복용할 복, 良 좋을 량, 藥 약 약

마음의 평안은 모든 일에 우선한다

심 안 모 옥 온　　　성 정 채 갱 향
心安茅屋穩하고 性定菜羹香이니라.

마음이 안정되면 초가집도 평온하고, 성품이 안정되면 나물국도 향기
로우니라.

● 마음의 평안이 모든 일에 우선함을 뜻한다.

▶ 心 마음 심, 安 편안할 안, 茅 띠집 모, 屋 집 옥, 穩 평안할 온, 性 성품 성, 定 정
할 정, 菜 나물 채, 羹 국 갱, 香 향기 향

남을 잘 꾸짖는 자는 온전한 사귐을 갖지 못한다

경행록 운 책인자 부전교
景行錄에 云, 責人者는 不全交요

자서자 불개과
自恕者는 不改過니라.

「경행록」에 이르기를, 남을 잘 꾸짖는 자는 온전한 사귐을 갖지 못하고, 자신의 잘못을 용서하는 자는 허물을 고치지 못한다.

● 불전교(不全交): 사귐을 온전히 할 수 없다.

　자서(自恕): 스스로 용서하다.

▸ 責 꾸짖을 책, 人 사람 인, 者 사람 자, 全 온전할 전, 交 사귈 교, 自 스스로 자, 恕 용서할 서, 改 고칠 개, 過 허물 과

자기 몸만을 보호하는 자는 그 자손이 잘될 리 없다

숙 흥 야 매   소 사 충 효 자   인 부 지   천 필 지 지
夙興夜寐하여 所思忠孝者는 人不知나 天必知之요

포 식 난 의   이 연 자 위 자   신 수 안   기 여 자 손   하
飽食煖衣하여 怡然自衛者는 身雖安이나 其如子孫에 何오.

아침에 일찍 일어나 밤늦게 잠들 때까지 부모에게 효도하고 임금에게
충성하는 자는, 사람들이 알지 못하더라도 하늘이 반드시 알 것이요,
배불리 먹고 따뜻하게 입고서 즐겁게 자기 몸만을 보호하는 자는 비록
자기 몸은 편안할지는 모르지만 그 자손들은 어찌 될 것인가.

● 숙흥야매(夙興夜寐): 아침 일찍 일어나고 밤늦게 자는 것.

　숙식난의(飽食煖衣): 배불리 먹고 따뜻하게 옷 입는 것.

　이연(怡然): 즐겁게.

　자위(自衛): 자신을 보호하는 것.

▶ 夙 일찍 숙, 興 일 흥, 夜 밤 야, 寐 잠잘 매, 所 바 소, 忠 충성 충, 孝 효도 효, 飽
　배부를 포, 煖 따뜻할 난, 怡 기쁠 이, 然 그러할 연, 自 스스로 자, 衛 지킬 위, 雖
　비록 수, 安 편안할 안, 其 그 기, 子 아들 자, 孫 손자 손, 何 어찌 하

처지를 바꾸어 놓고 생각하면 모든 것이 원만하게 이루어진다

이 애 처 자 지 심　　　사 친　　　즉 곡 진 기 효
以愛妻子之心으로 事親이면 則曲盡其孝이요

이 보 부 귀 지 심　　　봉 군　　　즉 무 왕 불 충
以保富貴之心으로 奉君이면 則無往不忠이요

이 책 인 지 심　　　책 기　　　즉 과 과
以責人之心으로 責己이면 則寡過요

이 서 기 지 심　　　서 인　　　즉 전 교
以恕己之心으로 恕人이면 則全交니라.

아내와 자식을 사랑하는 마음으로 어버이를 섬긴다면 그 효도가 곡진
할 것이요, 부귀를 보전하는 마음으로 임금을 받든다면 그 어디에서도
충성되지 않음이 없을 것이요, 남을 꾸짖는 마음으로 자기를 꾸짖는다
면 허물이 적을 것이요, 자기를 용서하는 마음으로 남을 용서한다면
그 사귐이 온전할 것이니라.

● 처지를 바꾸어 놓고 생각하면 모든 것이 원만하게 이루어진다는 뜻이다.

▶ 以 써 이, 愛 사랑 애, 妻 아내 처, 事 섬길 사, 親 어버이 친, 則 곧 즉, 曲 곡진할
곡, 盡 다할 진, 孝 효도 효, 保 지킬 보, 奉 받들 봉, 君 임금 군, 往 갈 왕, 忠 충성
충, 責 꾸짖을 책, 寡 적을 과, 過 허물 과, 恕 용서할 서. 交 사귈 교

소견이 옳지 못하면 배움이 소용없다

이 모 부 장　　회 지 하 급　　이 견 부 장　　교 지 하 익
爾謀不臧이면 悔之何及이며 爾見不長이면 敎之何益이리오.

이 심 전 즉 배 도　　사 의 확 즉 멸 공
利心專則背道요 私意確則滅公이니라.

네가 도모한 일이 옳지 않았다면 후회한들 무슨 소용이 있겠으며, 네
견식이 짧다면 가르친들 무슨 이로움이 있으리오. 이기심으로만 가득
차면 도리를 등지게 되고, 개인적인 생각으로만 가득 차 있으면 공사
(公事)를 망치게 되느니라.

● 일을 시작할 때부터 생각이 옳아야 하고, 소견이 옳지 못하면 배움이 무슨
　소용이 있겠는가. 그 배움이 오히려 남에게 해를 주게 된다.

▸ 爾 너 이, 謀 꾀할 모, 臧 착할 장, 悔 뉘우칠 회, 何 어찌 하, 及 미칠 급, 見 견식
　견, 長 길 장, 敎 가르칠 교, 益 더할 익, 利 이로울 리, 專 오로지 전, 背 등 배, 道
　도의 도, 私 개인 사, 意 뜻 의, 確 군을 확, 滅 멸할 멸. 公 공변될 공

일을 만들면 일이 더 생긴다

생 사 사 생
生事事生이요

생 사 사 생
省事事省이니라.

일을 만들면 일이 생기고, 일을 덜면 일이 줄어지느니라.

● 일을 만들면 일이 더 생긴다.

▸ 生 날 생, 事 일 사, 省 덜(줄이다) 생, 살필 성

戒性篇

계성편

참고 견디는 자기 수양을 쌓아야 한다

한 번 엎질러진 물은 담을 수 없다

경 행 록　　운　인 성　　여 수　　　수 일 경 즉 불 가 복
景行錄에 云, 人性이 如水하여 水一傾則不可復이요

성 일 종 즉 불 가 반　　　제 수 자　　필 이 제 방
性一縱則不可反이니 制水者는 必以堤防하고

제 성 자　　필 이 예 법
制性者는 必以禮法이니라.

「경행록」에 이르기를, 사람의 성품은 마치 물과 같아서 한 번 엎질러진 물은 다시 되돌려 담을 수 없고, 한 번 방종해진 성품은 회복하기 어렵다. 물을 다스리려는 자는 반드시 둑을 쌓음으로써 하고, 성품을 다스리려는 자는 반드시 예법으로써 해야 하느니라.

● 한 번 엎질러진 물은 담을 수 없다. 사람이 한 번 잘못을 저지르면 이를 바로잡을 수 없는 것이 마치 엎질러진 물과 같다.

▶ 性 성품 성, 水 물 수, 傾 기울 경, 復 돌아올 복, 縱 늘어질 종, 反 되돌릴 반, 制 제어할 제, 堤 방죽 제, 防 둑 방, 禮 예도 례. 法 예의 법.

분함을 참고 슬기롭게 대처해야 한다

인 일 시 지 분　　면 백 일 지 우
忍一時之忿이면 免百日之憂니라.

한때의 분함을 참는다면 백 일의 근심을 면할 수 있느니라.

● 잠시의 불쾌한 마음을 참고 슬기롭게 대처할 것을 말함이다.

▸ 忍 참을 인, 時 때 시, 忿 성낼 분, 免 면할 면, 百 일백 백, 憂 근심할 우

백 번 참으면 천하에 어려운 일이 없다

득 인 차 인　　　득 계 차 계　　　불 인 불 계　　　소 사 성 대
得忍且忍이요 得戒且戒하라 不忍不戒면 小事成大니라.

참을 수 있는 데까지 참고, 경계할 수 있는 만큼 경계하라. 참지 않고
경계하지 않는다면 작은 일이라도 걷잡을 수 없이 커지게 되느니라.

- '백 번 참으면 천하에 어려운 일이 없다(百忍天下無難事)' 하였고, 옛날 시집
  가는 딸에게 참을 인(忍)자 석 자를 써주며 어려운 일이 있을 때마다 쳐다
  보고 참으라 하였다.

▸ 得 얻을 득, 忍 참을 인, 且 또 차, 戒 경계할 계, 事 일 사, 成 이룰 성. 大 큰 대

옳고 그름이란 본래 실상(實相)이 없다

우 탁 생 진 노　　개 인 리 불 통　　휴 첨 심 상 화　　지 작 이 변 풍
愚濁生嗔怒는 皆因理不通이라 休添心上火하고 只作耳邊風하라

장 단　　가 가 유　　염 량　　처 처 동
長短은 家家有요 炎凉은 處處同이라

시 비 무 실 상　　구 경 총 성 공
是非無實相하여 究竟摠成空이니라.

어리석고 못난 자가 성을 내는 것은 모두 이치에 통하지 못한 까닭이
니라. 마음 위에 불길(화를)을 더하지 말고 다만 귓전을 스치는 바람결
로 흘려라.
장점과 단점은 집집마다 있는 일이요, 따뜻하고 서늘한 것은 어디에나
같으니라. 옳고 그름이란 본디 실상(實相)이 없어서 마침내는 모두 다
빈 것이(헛것이) 되느니라.

● 리불통(理不通): 이치에 통하지 못하는 것.

　휴첨(休添): 휴는 하지 말라는 뜻. 즉 더하지 말라는 것. 첨은 더하는 것.

▶ 愚 어리석을 우, 濁 흐릴 탁, 嗔 성낼 진, 怒 성낼 노, 理 이치 이, 通 통할 통, 休
그칠 휴, 添 더할 첨, 邊 가 변, 風 바람 풍, 長 길 장, 短 짧을 단, 炎 불탈 염, 凉 서
늘할 량, 處 곳 처, 非 아닐 비, 實 실질 실, 究 궁구할 구, 竟 다할 경, 摠 모두 총,
空 빌 공.

백 가지 모든 행실의 근본은 참는 것이다

자장 욕행 사어부자 원사일언위수신지미
子張이 欲行에 辭於夫子할새 願賜一言爲修身之美하노이다.

자왈 백행지본 인지위상 자장 왈 하위인지
子曰 百行之本이 忍之爲上이니라. 子張이 曰, 何爲忍之잇고

자왈 천자인지 국무해 제후인지 성기대
子曰 天子忍之면 國無害하고 諸侯忍之면 成其大하고

관리인지 진기위 형제인지 가부귀 부처인지
官吏忍之면 進其位하고 兄弟忍之면 家富貴하고 夫妻忍之면

종기세 붕우인지 명불폐 자신인지 무화해
終其世하고 朋友忍之면 名不廢하고 自身忍之면 無禍害니라.

자장(子張)이 장차 길을 떠나려 할 때에 공자께 하직 인사를 올리며,
"몸을 닦는데 가장 좋은 요점을 말씀해 주십시오. 몸을 닦는 덕목으로
삼겠습니다." 하니, 공자께서 말씀하셨다.

"백 가지 모든 행실의 근본은 참는 것이 으뜸이니라."

자장이 다시 물었다.

"어떻게 참아야 합니까? 자세히 말씀해 주십시오."

공자께서 다시 말씀하시기를, "천자가 참으면 나라 전체에 해로움이
없을 것이고, 제후(諸侯)가 참으면 다스리는 땅이 넓어질 것이고, 벼슬
아치가 참으면 제 지위가 올라갈 것이고, 형제간에 참으면 그 집이 부
귀(富貴)를 누릴 것이고, 부부(夫婦)가 서로 참으면 일생을 함께 해로(偕
老)할 것이고, 친구끼리 서로 참으면 상대방의 명예를 떨어뜨리지 않을

것이고, 자신 스스로 참는다면 재앙이 없을 것이니라."라고 하셨다.

◆ 자장(子張) : 공자의 제자로 성은 전손(顓孫), 이름은 사(師), 전손사(顓孫師)를 말하며 자가 자장(子張)이다. 공자 사후에 공자학파는 8개로 나뉘었는데 일찍이 자장이 속한 학파는 맹자 이후에 정통파에서 멀어졌다.

▸ 張 베풀 장, 欲 하고자 할 욕, 辭 말씀 사, 願 원할 원, 賜 줄 사, 修 닦을 수, 美 아름다울 미, 本 근본 본, 忍 참을 인, 爲 할 위, 何 어찌 하, 諸 모든 제, 侯 임금 후, 吏 벼슬아치 리, 夫 지아비 부, 妻 아내 처, 終 끝날 종, 朋 벗 붕, 廢 폐할 폐, 禍 재화 화

참지 못한다면 사람답지 못할 것이다

자장   왈   불인즉여하   자왈   천자불인   국공허
子張이 曰, 不忍則如何잇고 子曰, 天子不忍이면 國空虛하고

제후불인   상기구   관리불인   형법주
諸侯不忍이면 喪其軀하고 官吏不忍이면 刑法誅하고

형제불인   각분거   부처불인   영자고
兄弟不忍이면 各分居하고 夫妻不忍이면 令子孤하고

붕우불인   정의소   자신불인   환부제
朋友不忍이면 情意疎하고 自身不忍이면 患不除니라.

자장   왈   선재선재   난인난인   비인불인
子張이 曰, 善哉善哉라 難忍難忍이여 非人不忍이요

불인비인
不人非人이로다.

자장(子張)이 다시 물었다.

"만일 참지 못한다면 어떻게 됩니까?"

공자께서 말씀하셨다.

"천자가 만일 참지 못한다면 온 나라 안이 공허해질 것이고, 제후(諸侯)가 참지 못한다면 그 몸을 잃게 될 것이고, 벼슬아치가 참지 못한다면 법에 걸려 죽게 될 것이고, 형제끼리 참지 못한다면 각각 헤어져 살게 될 것이고, 부부가 서로 참지 못한다면 자식을 외롭게 할 것이고, 친구끼리 참지 못한다면 정의(情意)가 소원해질 것이고, 자기 자신이 참지 못한다면 근심이 없어지지 않을 것이니라."

자장이 감탄해 말하였다.

"참 훌륭하신 말씀입니다. 참는 것이란 참으로 어렵고 또 어려운 것이로군요! 그러하오니 사람답지 않으면 참지 못할 것이요, 또한 참지 못한다면 사람답지 못할 것입니다."

▸ 如 같을 여, 空 빌 공, 虛 빌 허, 喪 죽을 상, 軀 몸 구, 刑 형벌 형, 誅 벨 주, 居 있을 거, 令 하여금 령, 孤 외로울 고, 疎 트일 소, 患 근심 환, 除 제거할 제, 哉 어조사 재, 難 어려울 난, 非 아닐 비

스스로 자기를 굽힐 줄 알아야 한다

경 행 록　　운　굴 기 자　　능 처 중　　　호 승 자　　필 우 적
景行錄에 云, 屈己者는 能處重하고 好勝者는 必遇敵이니라.

「경행록」에 이르기를, 스스로 자기를 굽힐 줄 아는 사람은 중요한 자리
에 오를 수 있고, 다른 사람 이기기를 좋아하는 자는 반드시 적을 만나
게 되느니라.

● '한 자를 구부려서 한 길을 편다.'라는 말이 있다. 굽혀야 할 때 굽힌다는 것
은 앞으로 펴기 위한 전초작업이다. 학이 나래를 접고 쉬는 것은 앞으로 높
이 날기 위한 예비 작업이다.

▸ 屈 굽을 굴, 己 자기 기, 能 능할 능, 處 살 처, 重 무거울 중, 好 좋을 호, 勝 이길
승, 必 반드시 필, 遇 만날 우, 敵 원수 적.

말이 아니거든 상대하지를 말라

악인　　매선인　　　선인　　총부대　　　부대　　심청한
惡人이 罵善人커든 善人은 摠不對하라 不對는 心淸閑이요

매자　　구열비　　　정여인타천　　　환종기신추
罵者는 口熱沸니라. 正如人唾天하여 還從己身墜니라.

악한 사람이 선한 사람을 욕하거든 선한 사람은 이에 대꾸하지 말라. 대꾸하지 않는 사람은 마음이 맑고 한가로울 것이요, 욕하는 자의 입은 뜨겁게 끓어오를 것이다. 이는 바로 사람이 하늘을 향해 침 뱉는 것과 같아서 도로 자기 몸에 떨어지는 것과 같다.

● 길이 아니거든 가지 말며 말이 아니거든 상대하지를 말라고 했다. 이치에 닿지 않는 말을 이치로 맞서 보았자 거기에는 건설적인 이론이 성립될 수 없다.

▶ 惡 악할 악, 罵 욕할 매, 善 좋을 선, 摠 모두 총, 對 대답할 대, 淸 맑을 청, 閑 막을 한, 熱 더울 열, 沸 끓을 비, 正 바를 정, 唾 침 타, 還 돌아올 환, 從 좇을 종, 墜 떨어질 추

욕설을 당하더라도 못 들은 척하라

아 약 피 인 매   양 롱 불 분 설
我若被人罵라도 佯聾不分說하라.

비 여 화 소 공   불 구 자 연 멸
譬如火燒空하여 不救自然滅이라

아 심   등 허 공   총 이 번 순 설
我心은 等虛空이어늘 摠爾飜脣舌이니라.

내가 만약 남에게 욕설을 당하더라도 거짓 귀먹은 체하고 시비를 가려
말하지 말라. 비유하건대 이것은 마치 불이 허공에서 타다가 끄지 않
았는데도 저절로 꺼지는 것과 같으니라.
내 마음은 허공과 같거늘 모두 너의 입술과 혀만이 번거로울 뿐이니라.

● 남의 욕설을 당하더라도 못 들은 척하고 있으면 말하던 사람도 스스로 멎
   게 마련이다. '말로써 말 많으니 말 많을까 하노라'.

▶ 我 나 아, 若 같을 약, 被 입을(당할) 피, 罵 욕할 매, 佯 거짓 양, 聾 귀머거리 롱,
   譬 비유할 비, 燒 사를 소, 救 건질 구, 滅 멸망할 멸, 飜 뒤칠 번, 脣 입술 순

받는 즐거움보다 주는 즐거움을 느껴야 한다

범사 유인정   후래   호상견
凡事에 留人情이면 後來에 好相見이니라.

매사 모든 일에 인정을 남겨두면, 뒷날에 좋은 얼굴로 서로 볼 수 있느
니라.

● 우리는 받는 즐거움보다 주는 즐거움을 느껴야 한다. 물질에 있어서도 그
  러하거늘 하물며 은혜로운 일이나 올바른 일을 남에게 베푼다는 즐거움은
  더 말할 것도 없다.

▶ 凡 무릇 범, 事 일 사, 留 머무를 류, 人 사람 인, 情 뜻 정, 後 뒤 후, 來 올 래, 好
  좋을 호, 相 서로 상, 見 볼 견

勤學篇

근학편

부지런히 배워 익혀서 새롭게 발전시켜야 한다

널리 배우는 것은 옳은 행동을 하기 위함이다

자 왈　박 학 이 독 지
子曰, 博學而篤志하고

절 문 이 근 사　　　인 재 기 중 의
切問而近思하면 仁在其中矣니라.

공자께서 말씀하셨다.

넓게 배우고 뜻을 독실하게 하며, 간절하게 묻고 생각이 거의 도달한 다면 인(仁)은 그 가운데 있게 되느니라.

● 배우는 일과 행하는 일은 상대적으로 존재하면서도 하나로 일치해야 하는 것이다. 널리 배우는 것은 옳은 행동을 하기 위함이다.

▶ 博 넓을 박, 學 배울 학, 篤 도타울 독, 志 뜻 지, 切 절실할 절, 問 물을 문, 近 가까울 근, 思 생각 사, 仁 어질 인, 在 있을 재, 中 치우치지 아니할 중, 矣 어조사 의

배움은 가장 소중한 보배다

장 자 왈   인 지 불 학   여 등 천 이 무 술
莊子曰, 人之不學은 如登天而無術하고

학 이 지 원   여 피 상 운 이 도 청 천   등 고 산 이 망 사 해
學而智遠이면 如披祥雲而覩靑天하고 登高山而望四海니라.

장자가 말하였다.

사람이 배우지 아니하면 마치 하늘을 오르려 하되 재주가 없는 것과 같고, 배워서 지혜가 심원해지면 상서로운 구름을 헤쳐서 푸른 하늘을 보는 것과 같고, 높은 산에 올라가 모든 세상을 바라보는 것과 같으니라.

● 여기에서 배움이란 깊은 사고(思考)와 통찰력(洞察力)을 갖추게 하는 공부를 말한다. 배움을 갖게 된다면 푸른 하늘을 볼 수 있고 사해를 바라볼 수 있으니 삶의 올바른 방향을 찾아 나아갈 수 있게 한다. 또한 배움은 그 방향으로 나아갈 수 있게 하는 방법까지도 갖출 수 있다고 하였으니 인간에게 가장 소중한 보배가 아닐 수 없다.

▶ 學 배울 학, 如 같을 여, 登 오를 등, 術 꾀 술, 智 슬기 지, 遠 멀 원, 披 쪼갤 피, 祥 상서로울 상, 雲 구름 운, 覩 볼 도, 靑 푸를 청, 高 높을 고, 望 바라볼 망, 海 바다 해

배우지 않으면 도의를 알지 못한다

예 기　　왈　옥 불 탁　　　불 성 기
禮記에 曰, 玉不琢이면 不成器하고

인 불 학　　　부 지 의
人不學이면 不知義니라.

「예기」에 이르기를, 옥돌은 쪼아 다듬지 않으면 그릇을 이루지 못하고,
사람은 배우지 않으면 의로움(道義)을 알지 못하니라.

- '구슬이 서 말이라도 꿰어야 보배.'라는 말이 있다. 이 말은 아무리 좋은 옥
  돌이라도 다듬지 않으면 보물이 될 수 없음을 비유하여 사람에게 배움이
  얼마나 소중한 것인지 이야기한다. 사람이 사람다울 수 있으려면 배움으로
  써 자신을 절차탁마(切磋琢磨) 하여 완숙하게 할 때 가능하다.
- 『예기』(禮記) : 유가 경전 가운데 오경(五經)의 하나로 예(禮)의 원리와 예절(禮節)
  에 관하여 기록한 책이다. 전한(前漢)의 대성(戴聖)이 편집한『대대예기』(大戴禮
  記)가운데 89편만을 가려내 편찬한 것이 현재 이야기 하는『예기』이다.

▶ 禮 예도 예, 記 기록할 기, 玉 옥 옥, 琢 쪼일 탁, 成 이룰 성, 學 배울 학, 器 그릇
  기, 義 옳을 의

배우지 않으면 어두운 밤길을 가는 것과 같다

태공   왈   인생불학   여 명 명 야 행
太公이 曰, 人生不學이면 如冥冥夜行이니라.

태공이 말하였다.

사람으로 태어나 배우지 아니하면 어둡고 어두운 밤길을 가는 것과 같
으니라.

● 배움이란 마음을 밝히고 섭리를 깨닫자는 것이다. 밤길을 걷는 것과 같다
   함은 마음이 어둡기 때문에 밝은 대낮이라 하더라도 사물의 이치를 모르니
   어두운 길을 걷듯이 답답할 수밖에 없다.

▶ 太 클 대, 公 귀 공, 生 날 생, 學 배울 학, 如 같을 여, 冥 어두울 명, 夜 밤 야, 行 갈 행

배워야 높은 학식과 고상한 인격을 갖출 수 있다

한 문 공   왈   인 불 통 고 금   마 우 이 금
韓文公이 曰, 人不通古今이면 馬牛而襟니라.

한문공이 말하였다.
사람으로서 고금의 이치에 통달하지 못한다면 말과 소에게 옷을 입혀 놓은 것과 같으니라.

● 고금의 이치를 알지 못한다면, 옷을 입었다는 것만으로 사람이지 몸은 말 이나 소보다 나을 것이 없다는 훈계이다. 배워야 높은 학식과 고상한 인격 을 갖출 수 있고, 인류를 이끌어갈 사회의 지도자가 될 수 있다.

◆ 한문공(韓文公) : 당대(唐代)의 문장가 한유(韓愈)로 당송팔대가(唐宋八大家)의 한 사람으로도 일컬어짐. 자는 퇴지(退之)이며 문(文)은 그의 시호이다. 복고명도 (復古明道)를 주장하여 유가의 성현(聖賢)계보인 요순우탕(堯舜禹湯) 문무주공(文 武周公) 공맹(孔孟)으로 이어지는 도통설을 세웠다.

▶ 韓 성씨 한, 文 글월 문, 公 귀 공, 通 통할 통, 古 예(과거) 고, 今 이제 금, 馬 말 마, 牛 소 우, 襟 옷깃 금. 裾 옷자락 거

勤學篇 6

배운 사람은 곧 세상의 보배이다

주문공   왈   가 약 빈   불가 인빈 이 폐학
朱文公이 曰, 家若貧이라도 不可因貧而廢學이요

가 약 부   불 가 시 부 이 태 학
家若富라도 不可恃富而怠學이니

빈 약 근 학   가 이 입 신   부 약 근 학   명 내 광 영
貧若勤學이면 可以立身이요 富若勤學이면 名乃光榮이니라.

유 견 학 자 현 달   불 견 학 자 무 성
惟見學者顯達이요 不見學者無成이니라.

학 자   내 신 지 보   학 자   내 세 지 진
學者는 乃身之寶요 學者는 乃世之珍이니라.

시 고   학 즉 내 위 군 자   불 학 즉 위 소 인
是故로 學則乃爲君子요 不學則爲小人이니

후 지 학 자   의 각 면 지
後之學者는 宜各勉之니라.

주문공이 말하였다.

집이 만약 가난하더라도 가난하다고 하여 학문을 폐해서는 안 되고,
집이 만약 부유하더라도 부유함을 믿고 학문을 게을리해서도 안 된다.
가난한 자가 만약 부지런히 공부한다면 출세할 수 있을 것이요, 부유
한 자가 만약 부지런히 배운다면 이름이 더욱 빛날 것이니라.
오직 배운 자가 현달(顯達 : 입신출세)한 것을 보았으며, 배운 사람으로
서 성취(成就)하지 못한 예는 없느니라.

배움이란 곧 몸의 보배요, 배운 사람은 곧 세상의 보배이니라.

그러므로 배우는 자는 곧 군자가 되고, 배우지 않는 자는 곧 소인이 되니, 후세에 배워 닦으려는 사람들은 마땅히 각각 힘써 노력해야 하느니라.

● 폐학(廢學): 학문을 폐한다. 배움을 버린다.

　시부(恃富): 부유함을 믿는다.

　근학(勤學): 부지런히 배운다.

　세지진(世之珍): 珍은 보기 드문 보배의 뜻으로서, 세상의 귀중한 보물.

▶ 朱 성씨 주, 文 글월 문, 公 귀 공, 家 집 가, 若 만약 약, 貧 가난할 빈, 因 인할 인, 廢 폐할 폐, 學 배울 학, 富 넉넉할 부, 恃 믿을 시, 怠 게으를 태, 勤 부지런할 근, 立 설 립, 身 몸 신, 名 이름 명, 乃 이에 내, 榮 영화 영, 惟 오직 유, 顯 나타날 현, 達 통달할 달, 寶 보배 보, 珍 보배 진, 則 곧 즉, 宜 마땅할 의, 各 각각 각, 勉 힘쓸 면

120

배우지 않은 사람은 잡초와 같다

휘종황제왈　학자　　여화여도　　　불학자　　여호여초
徽宗皇帝曰, 學者는 如禾如稻하고 不學者는 如蒿如草로다

여화여도혜　　국지정량　　　세지대보
如禾如稻兮여 國之精糧이요 世之大寶로다

여호여초혜　　경자증혐　　　서자번뇌
如蒿如草兮여 耕者憎嫌하고 鋤者煩惱니라

타일면장　　회지이로
他日面墻에 悔之已老로다.

휘종 황제가 말하였다.

배운 사람은 알곡(벼와 쌀알)과 같고, 배우지 않은 사람은 잡초(쑥대와 풀)와 같도다. 알곡(벼와 쌀알)과 같음이여! 나라의 정미한 양식이요 세상의 큰 보배로다. 잡초(쑥대와 풀)와 같음이여! 밭을 가는 자가 싫어하고 김매는 자가 번뇌로 여기느니라. 뒷날 상대의 처지가 달라진 면모를 대하고 배우지 않았음을 뉘우친들 그때는 이미 늙어 배우지 못하리라.

◆ 휘종황제(徽宗皇帝) : 북송(北宋)의 8대 황제로 신종의 아들이고 철종의 아우로 당시 구법당과 신법당의 치열한 당쟁에서 신법당(新法黨)을 등용하였다. 글씨와 그림에 탁월하여 글씨는 휘종황제의 서체인 수금체(瘦金體)를 만들었으며 그림에서도 뛰어나 시의(詩意)의 회화를 이끌었다. 고금(古今)의 서화를 모아「선화서화보(宣化書畵譜)」를 편찬하여 현재 전하고 있다.

徵 아름다울 휘, 宗 마루 종, 皇 임금 황, 帝 임금 제, 禾 벼 화, 稻 벼(곡식) 도, 蒿 쑥
호, 糧 양식 량, 世 인간 세, 耕 밭갈 경, 憎 미워할 증, 嫌 싫어할 혐, 鋤 호미 서, 煩
번잡할 번, 墻 담 장. 悔 뉘우칠 회, 已 이미 이, 老 늙을 노.

勤學篇 8

배움이란 항시 부족하게 여겨 부지런히 힘써야 한다

논 어 왈　학 여 불 급　　유 공 실 지
論語曰, 學如不及이요 惟恐失之니라.

「논어」에 이르기를, 배움에는 마치 다하지 못할까 안타까워 할 일이
요.(부지런히 힘쓸 것이요.) 오직 배운 것을 잊을까 두려워해야 하느니라.

● 배움이란 이렇듯 항시 부족하게 여겨 부지런히 힘써야 한다. 중국 진(晉)나
라 때 차윤(車胤)은 반딧불을 주머니에 모아 넣어 등 대신 사용했고, 손강(孫
康)은 겨울에 눈빛으로 책을 읽었다.

◆「논어(論語)」: 유가의 경전으로 공자(孔子) 사후 제자들이 공자의 말씀과 행동
을 적은 책이다. 공자의 도덕인 '인(仁)'의 사상과 정치·교육에 대한 의견 등이
기술되어 있다. 사서(四書) 가운데 하나로 7권 20편으로 쓰여 있다.

▶ 論 사리를 밝힐 논, 語 말씀 어, 曰 가로되 왈, 學 배울 학, 如 같을 여, 不 아닐 불,
及 미칠 급, 惟 생각할(오직) 유, 恐 두려울 공, 失 잃을 실. 之 대명사 지

訓子篇

훈자편

자녀를 훌륭한 사람이 되도록 교육해야 한다

가르치지 않으면 자손이 어리석어진다

경 행 록　　운　빈 객 불 래　　문 호 속
景行錄에 云, 賓客不來면 門戶俗하고

시 서 무 교　　자 손 우
詩書無敎면 子孫愚니라.

「경행록」에 이르기를, 손님이 찾아오지 않으면 집안이 저속해지고, 시서를 가르치지 아니하면 자손이 어리석어지느니라.

● 공자께서는 '벗이 있어서 먼 곳으로부터 찾아와 준다면 기쁜 일이 아니겠느냐.' 하였다. 이렇듯 뜻과 생각이 맞는 친구가 찾아오는 일은 기쁜 일이다. 이곳의 시는 시경을 말함으로 정서공부요. 서는 서경을 말함으로 역사공부이다.

▸ 賓 손 빈, 客 손 객, 來 올 래, 門 문 문, 俗 풍속 속, 詩 시 시, 書 쓸 서, 敎 가르칠 교, 子 자녀 자, 孫 손자 손. 愚 어리석을 우

가르치지 않으면 현명해질 수 없다

장자왈　사수소　　부작　　　불성
莊子曰, 事雖小나 不作이면 不成이요

자수현　　　불교　불명
子雖賢이나 不教면 不明이니라.

장자가 말하였다.

일이 비록 작은 일일지라도 하지 않으면 이루어지지 않고, 자식이 비
록 똑똑하더라도 가르치지 않으면 현명해질 수 없느니라.

● 자녀교육에 있어 모범이 되는 이야기에 맹자의 어머니가 세 번 이사했다는
'삼천지교(三遷之教)'가 있고, '단기지계(斷機之戒)'라 하여 베틀을 자른 교훈
이 있다.

▸ 事 일 사, 雖 비록 수, 小 작을 소, 不 아닐 불, 作 지을 작, 成 이룰 성, 子 자녀 자,
賢 똑똑할 현, 教 가르칠 교, 明 밝을 명

교육은 살아가는 방법을 가르치는 것이다

한 서　　운　황 금 만　　불 여 교 자 일 경
漢書에 云, 黃金滿이 不如敎子一經이오

사 자 천 금　　불 여 교 자 일 예
賜子千金이 不如敎子一藝니라.

「한서」에 이르기를, 황금이 상자를 가득 채웠어도 자식에게 「경서」 한
권을 가르치는 것만 같지 못하고, 자식에게 천금을 물려주는 것이 한
가지 기술을 가르쳐주는 것만 못하니라.

● 교육은 살아가는 방법을 가르치는 것이지 결과를 제시해 주는 것이 아니
다. 경전의 모든 글이 이러한 삶의 지혜와 방법을 제시한다.

◆ 한서(漢書) : 후한(후한)의 반고가 저술한 전한(前漢)의 고조(高祖)에서 왕망(王莽)
에 이르기까지 229년 동안의 역사를 기록한 책이다. 반표(班彪)가 시작한 것을
반고(班固)가 계승하였으나 옥사로 인해 그의 누이동생인 반소(班昭)가 완성했
다. 모두 120권으로 되어 있다. 유교의 경전으로 전해온다.

▶ 漢 나라 한 書 책 서, 云 이를 운, 黃 누를 황, 金 황금 금, 滿 가득 찰 만, 籙 광주
리 영, 敎 가르칠 교, 經 경서 경, 賜 줄 사, 藝 기예 예

자식을 가르치는 것만큼 중요한 일은 없다

지 락　　　막 여 독 서　　　지 요　　　막 여 교 자
至樂은 莫如讀書요 至要는 莫如敎子니라.

지극한 즐거움이란 좋은 책을 읽는 것만한 것이 없고, 지극히 중요한
일이란 자식을 가르치는 것 만한 것이 없느니라.

● 독서란 자신의 지평을 넓히는 일이요. 교육이란 인재를 기르는 일이다.

▸ 至 지극할지, 樂 즐거울 락, 莫 아닐 막, 如 같을 여, 讀 읽을 독, 書 글 서, 要 긴요할 요

어버이나 스승이 없이 성취할 수 없다

여형공   왈   내무현부형   외무엄사우
呂滎公이 曰, 內無賢父兄하고 外無嚴師友요

이능유성자 선의
而能有成者 鮮矣니라.

여형공이 말하였다.
집안에는 어진 어버이나 형이 없고, 집 밖에는 엄한 스승이나 친구가
없는데 능히 성취할 수 있는 자 거의 없느니라.

◆ 여형공(呂滎公) : 북송 여공저(呂公著)의 아들 여희철(呂希哲)로 자는 원명(原明)이
    며 형양군공(滎陽郡公)을 지냈으므로 여형공이라고 불렸다.

▶ 呂 음률 려, 滎 실개천 형, 公 귀 공, 內 안 내, 賢 똑똑할 현, 父 아비 부, 兄 맏 형,
    嚴 엄할 엄, 師 스승 사, 友 벗 우, 能 능할 능, 成 이룰 성, 鮮 드물 선, 矣 어조사 의

배울 기회를 놓치면 어른이 되어 어리석어진다

태공　왈　남자실교　　장필완우
太公이 曰, 男子失教면 長必頑愚하고

여자실교　　장필소
女子失教면 長必疎니라.

태공이 말하였다.

남자가 배울 기회를 놓치면 자라서 어른이 되어 반드시 완악하고 어리석어지며, 여자가 배울 기회를 놓치면 자라서 어른이 되어 반드시 거칠고 성글게 되느니라.

▶ 男 사내 남, 子 사람 자, 失 잃을 실, 教 가르침 교, 長 장성할 장, 頑 완고할 완, 愚 어리석을 우, 女 여자 녀, 子 사람 자, 麤 거칠 추, 疎 성길 소

풍류나 술을 익혀서는 안 된다

남 년 장 대　　　막 습 악 주
男年長大어든 莫習樂酒하고

여 년 장 대　　　막 령 유 주
女年長大어든 莫令遊走하라.

남자가 나이 먹어 장성하거든 풍류나 술을 익히지 말게 하고, 여자가 나이 먹어 장성하거든 나돌아 놀지 말게 하라.

▶ 男 사내 남, 年 나이 년, 長 장성할 장, 大 클 대, 莫 없을 막, 習 익힐 습, 樂 풍류 악, 酒 술 주, 女 딸 녀, 令 시킬 령, 遊 놀 유, 走 달릴 주

엄한 부모 밑에서 효자가 나온다

엄 부　　출 효 자
嚴父는 出孝子하고

엄 모　　출 효 녀
嚴母는 出孝女니라.

엄한 아버지에게는 효자가 나오고, 엄한 어머니에게는 효녀가 나오느
니라.

● 아들은 아버지의 교육에 영향을 받고 딸은 어머니의 교육에 영향을 받는다
  는 의미이다.

▶ 嚴 엄할 엄, 父 아비 부, 出 낼 출, 孝 효도 효, 子 아들 자, 母 어미 모, 女 여식 여

미운 자식 떡 하나 더 주어라

연 아   다 여 봉
憐兒어든 多與棒하고

증 아   다 여 식
憎兒어든 多與食하라.

아이를 사랑하거든 매를 들고, 아이를 미워하거든 밥을 많이 주어라.

● '미운 자식 떡 하나 더 주어라.'는 속담이 있다. 자녀를 키움에 절도와 예절
과 식견을 넓혀주어 사람다움을 갖추어주라는 이야기다. 몸의 욕구만을 채
워주는 것은 자식을 금수처럼 키우는 것과 같다.

▶ 憐 사랑할 련, 兒 어린아이 아, 多 많을 다, 與 베풀 여, 棒 몽둥이 봉, 憎 미워할
증, 食 밥 식

省心篇 上

성심편 상

내면의 정신 가치를 높여야 한다

충성과 효도는 할수록 끝이 없다

경 행 록　　운　보 화　　용 지 유 진
景行錄에 云, 寶貨는 用之有盡이요

충 효　　향 지 무 궁
忠孝는 享之無窮이니라.

「경행록」에 이르기를, 보배와 재물은 쓰면 쓸수록 다할 때가 있고, 충성과 효도는 누리면 누릴수록 다함이 없느니라.

● 물질세계는 한계가 있지만 정신세계는 한계가 없다. 보배가 아무리 많고 재산이 아무리 많아도 쓰면 쓴 만큼 없어지고 그것은 언젠가 다할 날이 있지만, 충성과 효도는 할수록 할 만한 가치가 있고 끝이 없다.

▶ 省 살필 성(덜 생), 心 마음 심, 寶 보배 보, 貨 재화 화, 用 쓸 용, 盡 다할 진, 忠 충성 충, 孝 효도 효, 享 누릴 향, 窮 다할 궁

가정이 평화로우면 온갖 일이 이루어진다

가 화　　빈 야 호　　　　불 의　　　　부 여 하
家和면 貧也好어니와 不義(誼)면 富如何오

단 존 일 자 효　　하 용 자 손 다
但存一子孝니 何用子孫多리오.

가정이 화목하면 가난해도 또한 좋거니와 의롭지 못하면 부유한들 무엇 하리오. 다만 효도하는 아들 하나만 있으면 족하니 자손이 많음을 어디다 쓰리오.

● '가화만사성(家和萬事成)', 가정이 평화로우면 온갖 일이 이루어진다는 말이다. '화기애애(和氣靄靄)'하다는 말도 있다. 집안에 평화로운 분위기가 깃들면 모든 일이 뜻대로 되지 않을 것이 없으니 가난하여도 가난으로 여겨지지 않는 것이다.

▶ 家 집 가, 和 화할 화, 貧 가난할 빈, 好 좋을 호, 義 옳을 의(誼도 通用), 富 가멸부, 何 어찌 하, 但 다만 단, 存 있을 존, 多 많을 다

친척이 멀어짐은 모두가 돈 때문이다

부 불 우 심 인 자 효 　　부 무 번 뇌 시 처 현
父不憂心因子孝요　夫無煩惱是妻賢이라

언 다 어 실 개 인 주 　　의 단 친 소 지 위 전
言多語失皆因酒요　義斷親疎只爲錢이니라.

아버지가 마음에 근심이 없음은 자식이 효도하기 때문이요, 남편이 번거로운 걱정이 없음은 아내가 어질기 때문이다. 말이 많고 말을 실수함은 모두가 술 때문이요, 의리가 단절되고 친척이 멀어짐은 모두가 돈 때문이니라.

● 어실(語失): 말에 실수를 하는 것.

　친소(親疎): 친분이 소원해지는 것.

　지(只): 다만, 또는 오직.

▶ 父 아비 부, 憂 근심할 우, 心 마음 심, 因 인할 인, 夫 지아비 부, 煩 번거로울 번, 惱 괴로워할 뇌, 妻 아내 처, 賢 어질 현, 言 말씀 언, 失 잃을 실, 皆 모두 개, 酒 술 주, 義 옳을 의, 斷 끊을 단, 親 친할 친, 疎 소원할 소, 只 오직 지, 爲 될 위, 錢 돈 전

갑자기 얻은 즐거움 뒤에는 근심이 따른다

기 취 비 상 락
旣取非常樂이어든

수 방 불 측 우
須防不測憂니라.

이미 옳지 않은 즐거움을 취했거든, 모름지기 예측할 수 없는 근심이 있을 것에 대비할지니라.

● 흥진비래(興盡悲來)란 말이 있다. 갑자기 얻은 즐거움에는 그 뒤를 따르는 근심이 있음을 경계한 말이다. 자연의 법도에 어긋난 즐거움이기 때문이다. 우주의 진리는 순환하면서 나아가는 질서와 법칙이 있다. 이것에서 벗어났다면 그 결과는 불우함으로 이어지기 때문이다.

▶ 旣 이미 기, 取 취할 취, 須 모름지기 수, 防 막을 방, 測 잴 측. 憂 근심할 우

위험에 떨어지지 않도록 늘 대비해야 한다

득 총 사 욕
得寵思辱하고

거 안 여 위
居安慮危니라.

총애를 받게 되면 능욕이 뒤따를 것을 생각하고, 편안히 살 때에는 위험이 있을 것을 염려할지니라.

● '물극필반(物極必反)'이라는 말이 있다. 사물의 전개가 극에 도달하면 다시 반전한다는 주역의 원리이다. 이 원리를 안다면 총애를 받음도 다할 때가 있고 편안함도 다할 때가 있으니 위험에 떨어지지 않도록 늘 대비하라는 이야기이다.

▶ 得 얻을 득, 寵 총애 총, 思 생각할 사, 辱 욕되게 할 욕, 居 살 거, 安 편안 안, 慮 생각할 려, 危 위태할 위

나무가 높으면 바람을 잘 탄다

영 경 욕 천
榮輕辱淺하고

이 중 해 심
利重害深이니라.

영화로움이 가벼우면 욕됨도 얕고, 이로움(利)이 많으면 해(害)도 깊으니라.

● 모든 사물의 이치가 상대적이다. 이 상대적인 이치를 잘 알면 현명한 사람이다. 나무가 높으면 바람을 잘 타고, 돌이 모질면 물살이 거세다.

▶ 榮 영화 영, 輕 가벼울 경, 辱 욕되게 할 욕, 淺 얕을 천. 利 이로울 이, 重 무거울 중, 害 해칠 해, 深 깊을 심

省心篇 上 7

지나침은 미치지 못함과 같다

심 애 필 심 비　　심 예 필 심 훼
甚愛必甚費요　甚譽必甚毁요

심 희 필 심 우　　심 장 필 심 망
甚喜必甚憂요　甚臟必甚亡이니라.

지나치게 아끼면 반드시 큰 낭비가 뒤따르고, 지나치게 칭찬하면 반드
시 큰 훼방이 따르며, 지나치게 기뻐함은 반드시 큰 근심이 뒤따르고,
지나치게 재물을 탐하면 반드시 크게 잃게 되느니라.

● 모든 일은 상대적이다. 무엇이든 지나치면 법도에서 벗어난다. 지나침은
　미치지 못함과 같다고 하는 '과유불급(過猶不及)'이라고 하는 말이 여기에
　해당한다.

▶ 甚 심할 심, 愛 아낄 애, 必 반드시 필, 費 비용 비, 譽 기릴 예, 毁 훼손할 훼, 喜
　기쁠 희, 憂 근심 우, 臟 장물 장, 亡 망할 망

바다를 보지 못하면 풍파를 모른다

자 왈 불 관 고 애   하 이 지 전 추 지 환
子曰, 不觀高崖면 何以知顚墜之患이며

불 림 심 연 천   하 이 지 몰 익 지 환
不臨深淵(泉)이면 何以知沒溺之患이며

불 관 거 해   하 이 지 풍 파 지 환
不觀巨海면 何以知風波之患이리오.

공자께서 말씀하셨다.

높은 낭떠러지를 보지 않으면 어찌 굴러 떨어지는 환난(患難)을 알며, 깊은 연못에 가지 않으면 어찌 빠져 죽는 환난을 알며, 거대한 바다를 보지 않으면 어찌 풍파의 환난을 알겠는가.

● 고애(高崖): 높은 낭떠러지.

　전추(顚墜): 顚은 꼭대기이고 墜는 떨어지는 것이니 즉 위로부터 굴러 떨어지는 것을 말한다.

▶ 觀 볼 관, 高 높을 고, 崖 벼랑 애, 何 어찌 하, 知 알 지, 顚 넘어질 전, 墜 떨어질 추, 患 근심 환, 臨 임할 임, 深 깊을 심, 淵 못 연, 沒 가라앉을 몰, 溺 빠질 닉, 巨 클 거, 海 바다 해, 風 바람 풍, 波 물결 파

미래를 알려거든 과거를 되새길 일이다

욕 지 미 래
欲知未來거든

선 찰 이 연
先察已然이니라.

미래를 알고 싶거든 이미 지나간 일을 먼저 살펴볼지니라.

● 삶은 시간의 연속이다. 삶의 현실이 현재라는 시간 위에 있는 것이라면 이
  현재는 과거의 이어짐이요. 미래는 현재로 연계되는 순간이다.

▶ 欲 하고자할 욕, 知 알지, 未 아닐 미, 來 올 래. 先 먼저 선, 察 살필 찰. 已 이미
  이, 然 그러할 연

현재는 미래를 결정한다

자 왈　명 경　　소 이 찰 형
子曰, 明鏡은 所以察形이요

왕 고　　소 이 지 금
往古는 所以知今이니라.

공자께서 말씀하셨다.

밝은 거울은 모습을 살피려는 것이요, 지나간 옛 일은 현재를 알게 하는 것이니라.

● 거울을 보면 현재의 모습을 알 수 있고, 오늘의 모습은 과거에서 이어진 모습이다. 현재는 미래를 결정할 것이다.

▶ 明 밝을 명, 鏡 거울 경, 所 바 소, 察 살필 찰, 形 모양 형, 往 갈 왕, 古 옛 고. 知 알 지, 今 이제 금

미래의 일은 예측할 수 없다

과 거 사   명 여 경
過去事는 明如鏡이요

미 래 사   암 사 칠
未來事는 暗似漆이니라.

지나간 일은 맑은 거울처럼 잘 알 수 있지만 미래의 일은 어둡기가 칠흑(漆黑)과 같으니라.

● 이 글은 과거와 미래를, 곧 지나간 일은 볼 수 있고 미래는 볼 수 없기에 한 말이다.

▶ 過 지날 과, 去 갈 거, 事 일 사, 明 밝을 명, 如 같을 여, 鏡 거울 경, 未 아닐 미, 來 올 래, 暗 어두울 암, 似 같을 사, 漆 옻(검을) 칠

바로 앞의 일도 단정할 수 없다

경행록　운　명조지사　　박모　　불가필
景行錄에 云, 明朝之事를 薄暮에 不可必이요

박모지사　　시　　불가필
薄暮之事를 時에 不可必이니라.

「경행록」에 이르기를, 내일 아침의 일은 오늘 저녁에 단정적으로 말할 수 없고, 저녁에 일어날 일은 낮 시간에 단정적으로 말할 수가 없느니라.

● 박모(薄暮)는 해질 무렵의 어두움이다.

　인간은 매사 계획하고 계획대로 일을 진행하려고 하지만 때에 따라서는 바로 앞의 일도 단정할 수 없다.

▶ 明 밝을 명, 朝 아침 조, 事 일 사, 薄 엷을 박, 暮 저물 모, 哺 신시 포

자연의 변화처럼 사람의 일도 예측할 수가 없다

천 유 불 측 풍 우
天有不測風雨하고

인 유 조 석 화 복
人有朝夕禍福이니라.

하늘에는 예측할 수 없는 비바람이 있고, 사람은 아침과 저녁으로 화(禍)와 복(福)이 있느니라.

● 사람도 자연의 일부이다. 이 자연의 변화가 예측할 수 없듯이 사람의 일도 예측할 수가 없는 것이다. 오늘의 안위가 내일의 안위를 보장하지 않고, 오늘의 불행이 내일의 불행을 만들지 않는다.

▶ 天 하늘 천, 測 잴 측, 風 바람 풍, 雨 비 우, 朝 아침 조, 夕 저녁 석, 禍 재앙 화, 福 복 복

사람의 일이란 살아서나 죽어서나 온전히 보호하기 어렵다

미 귀 삼 척 토　　　난 보 백 년 신
未歸三尺土하여는　難保百年身이요

이 귀 삼 척 토　　　난 보 백 년 분
已歸三尺土하여는　難保百年墳이니라.

석 자 흙 속(무덤 속)으로 돌아가기 전에는 백 년 동안 몸을 보전하기 어렵고, 이미 석 자 흙 속으로 돌아가서는 백 년 동안 무덤을 보전하기 어려우니라.

● 사람의 일이란 살아서나 죽어서나 온전히 보호하기 어려움을 말한 것이다.

▸ 未 아닐 미, 歸 돌아갈 귀, 尺 자 척, 難 어려울 난, 保 지킬 보, 百 일백 백, 年 해 년, 墳 무덤 분

나무가 잘 자라면 뿌리가 튼튼하고 가지와 잎이 무성하다

경행록　　운　목유소양　　　즉근본고
景行錄에 云, 木有所養이면 則根本固하고

이 지 엽 무　　동 량 지 재 성　　　수 유 소 양　　　즉 천 원 장
而枝葉茂하여 棟樑之材成하나라. 水有所養이면 則泉源壯하고

이 류 파 장　　관 개 지 리 박　　　인 유 소 양　　　즉 지 기 대
而流派長하여 灌漑之利博하나라. 人有所養이면 則志氣大하고

이 식 견 명　　충 의 지 사 출　　　가 불 양 재
而識見明하여 忠義之士出이니 可不養哉아.

「경행록」에서 말하였다.

나무가 잘 자라면 뿌리가 튼튼하고, 가지와 잎이 무성해서 기둥이나
대들보가 될 재목으로 성장하느니라. 물줄기가 잘 다스려지면 샘의 근
원이 힘차고, 그 물줄기가 길어서 관개(灌漑)의 이익이 널리 베풀어질
것이니라. 사람을 잘 키우면 뜻과 기상이 크고, 식견(識見)이 명석하며
행위가 충실하고 의로운 선비로 출세할 것이니, 어찌 잘 키우지 아니
할 것인가.

▶ 木 나무 목, 養 기를 양, 根 뿌리 근, 固 굳을 고, 枝 가지 지, 葉 잎 엽, 茂 우거질
무, 棟 용마루 동, 樑 들보 량, 泉 샘 천, 源 근원 원, 壯 씩씩할 장, 派 물갈래 파,
灌 물댈 관, 漑 물댈 개, 利 이로울 이, 博 넓을 박, 志 뜻 지, 識 알 식, 忠 충성 충,
義 옳을 의. 士 선비 사, 哉 어조사 재

스스로를 신뢰하는 자는 남도 믿는다

자 신 자　　인 역 신 지　　　오 월　　개 형 제
自信者는 人亦信之하여 吳越이 皆兄弟요

자 의 자　　인 역 의 지　　　신 외　　　개 적 국
自疑者는 人亦疑之하여 身外에는 皆敵國이니라.

스스로를 신뢰하는 자는 남도 또한 믿나니, 오나라와 월나라(吳越) 사이라도 형제처럼 될 수 있고, 스스로를 의심하는 자는 남도 또한 믿지 못하여 자기 이외에는 모두 적국(敵國)처럼 사이가 멀어지게 되느니라.

◆ 오월(吳越) : 오왕 부차(吳王夫差)와 월왕 구천(越王句踐)은 서로 원수로 지냈다. 훗날 사람들이 원수 사이를 흔히 오월지간(吳越之間)이라 비유하여 말할 정도로 원한이 심하였다.

▶ 自 스스로 자, 信 믿을 신, 者 사람 자, 信 믿을 신, 吳 나라이름 오, 越 나라이름 월, 皆 모두 개, 疑 의심할 의, 敵 원수 적. 國 나라 국

사람을 썼으면 의심해서는 안 된다

의 인 막 용　　　용 인 물 의
疑人莫用하고 用人勿疑니라.

의심스런 사람이면 채용하지 말고, 채용한 사람이면 의심하지 말지니라.

▶ 疑 의심할 의, 莫 말(말다) 막, 用 쓸 용, 勿 말(말다) 물.

열 길 물속은 알아도 한 길 사람 속은 모른다

풍간 운 수 저 어 천 변 안 고 가 사 혜 저 가 조
諷諫에 云, 水底魚天邊雁은 高可射兮低可釣어니와

유 유 인 심 지 척 간 지 척 인 심 불 가 료
惟有人心咫尺間이라도 咫尺人心不可料니라.

「풍간」에 이르기를, 물속 깊은 곳에 있는 물고기와 하늘가에 나는 기러기라네. 높은 데 있는 것은 활로 쏘아 잡고, 물속에 있는 것은 그물로 잡을 수 있다네. 오직 사람의 마음은 바로 지척에 있을지라도, 그 지척에 있는 사람의 마음만은 헤아릴 수 없느니라.

● '열 길 물속은 알아도 한 길 사람 속은 모른다.'는 속담이 있다. 마음이 어디 있는 것인지 말하기 어렵고, 거리의 측정이 안 되는 것이지만 육척의 몸 안에 있는 것이 사실이다. 가까이 있으나 그 마음을 헤아릴 수 없는 것이 사람 마음이다.

▶ 水 물 서, 底 밑 저, 天 하늘 천, 邊 가 변, 雁 기러기 안, 高 높을 고, 射 쏠 사, 兮 어조사 혜, 低 낮을 저, 釣 낚시 조, 惟 오직 유, 咫 여덟 치 지, 尺 자 척, 料 헤아릴 료

사람의 마음은 알지 못한다

호 피 난 골
虎皮難骨이요

지 인 지 면 부 지 심
知人知面不知心이니라.

범을 그리되 가죽은 그릴 수 있으나 뼈는 그리기 어렵고, 사람을 알되 얼굴은 알 수 있지만 그 사람의 마음은 알지 못하느니라.

▶ 畵 그림 화, 虎 범 호, 皮 가죽 피, 難 어려울 난, 骨 뼈 골. 知 알 지, 面 얼굴 면, 心 마음 심

알 수 없는 것이 사람 마음이다

대 면 공 화
對面共話하되

심 격 천 산
心隔千山이니라.

얼굴을 마주보고 서로 같은 이야기를 나누되 마음은 천산(千山)만큼이나 사이가 벌여져 있는 것처럼 멀리 떨어져 있느니라.

◆ 격천산(隔千山) : 천산(千山)이라 함은 수없이 많은 산을 말하는 것으로 무수히 많은 산을 사이에 두고 있는 것처럼 장막이 쳐져 서로 알 수 없는 것이 사람 마음이라는 뜻이다.

▶ 對 대할 대, 面 얼굴 면, 共 함께 공, 話 말할 화, 隔 사이 뜰 격. 千 일천 천, 山 뫼 산

사람은 죽어도 그 마음을 알지 못한다

해 고   종 견 저
海枯면 終見底나

인 사   부 지 심
人死엔 不知心이니라.

바닷물이 마르면 마침내 그 밑바닥을 볼 수 있겠으나 사람은 죽어도 그 마음을 알지 못하느니라.

▸ 海 바다 해, 枯 마를 고, 終 끝날 종, 見 볼 견, 底 밑 저, 死 죽을 사. 不 아닐 불, 知 알 지, 心 마음 심

사람도 운세를 앞질러 점칠 수 없다

태공 왈 범인 불가 역상
太公이 曰, 凡人은 不可逆相이요

해수 불가 두량
海水는 不可斗量이니라.

태공이 말하였다.

무릇 보통 사람도 운세를 앞질러 점칠 수 없고, 바닷물은 (깊고 넓어) 말
[斗]로 헤아릴 수 없느니라.

◆ 역상(逆相) : 앞으로 닥쳐올 운명을 거슬러 올라가 헤아리는 것.

　두량(斗量) : 말[斗]로 양을 측량하다.

▸ 凡 무릇 범, 逆 거스를 역, 相 서로(점칠) 상, 海 바다 해, 水 물 수, 斗 말 두, 量 헤
　아릴 량

모든 일의 결과는 다 자신의 행동에서 나온다

경 행 록　　운　결 원 어 인　　위 지 종 화
景行錄에 云, 結怨於人을 謂之種禍요

사 선 불 위　　위 지 자 적
捨善不爲를 謂之自賊이니라.

「경행록」에서 말하였다.
사람과 원수를 맺는 것은 재앙의 씨를 뿌렸다고 말하는 것이요, 선을
버리고 행하지 않음을 '스스로를 해친다.'고 하느니라.

● 모든 일의 결과는 다 자신의 행동에서 나오는 것이지 남에게서 나오는 것
　이 아님을 강조한 말이다. 씨 뿌린 대로 거둔다는 것을 그래서 하는 말이다.

▸ 結 맺을 결, 怨 원망할 원, 於 어조사 어, 謂 이를 위, 種 씨 뿌릴 종, 捨 버릴 사,
　善 착할 선, 謂 일컬을 위, 賊 도둑(해칠) 적

옳고 그름은 서로 상대적인 것이다

약 청 일 면 설   변 견 상 이 별
若聽一面說이면 便見相離別이니라.

만약 한 사람의 말만 들으면 곧 서로 사이가 멀어지게 되느니라.

● 옳고 그름은 서로 상대적인 것이요. 사람의 심리란 자신의 옳은 점만 말하
  고 상대방의 그른 점을 더 두드러지게 말하기 마련이다.

▶ 若 만일 약, 聽 들을 청, 面 얼굴 면, 說 말씀 설, 便 즉(곧) 변(편할 편), 離 떠날
  리. 別 헤어질 별

의식이 풍부해지면 마음이 해이해지기가 쉽다

포 난　　사 음 욕　　　기 한　　발 도 심
飽煖에 思淫慾하고 飢寒에 發道心이니라.

배부르고 따뜻한 여유 속에서 음욕의 마음이 생기고, 배고프고 추운
생활에서 옳은 마음이 발로되느니라.

● 사람의 생활에 의식이 풍부해지면 마음이 해이해지기가 쉽다. 마음이 해이
해지면 방탕한 생활에 이끌리게 된다. 그 반대로 곤궁할 때는 오히려 옳게
살아보겠다는 생각이 나기도 한다.

▶ 飽 배부를 포, 煖 따뜻할 난, 思 생각 사, 淫 음란할 음, 慾 욕심 욕, 飢 주릴 기. 寒
추울 한, 發 펼 발, 道 법도 도, 心 마음 심

재물에 눈이 어둡다

소 광   왈   현 인 이 다 재   즉 손 기 지
疏廣이 曰, 賢人而多財면 則損其志하고

우 인 이 다 재   즉 익 기 과
愚人而多財면 則益其過니라.

소광이 말하였다.

어진 사람에게 재물이 많게 되면 그 지조(志操)에 손상을 입고, 어리석은 사람에게 재물이 많게 되면 그 허물을 더하느니라.

● '재물에 눈이 어둡다.'는 말이 있듯이 보통 사람들은 재물 앞에서는 판단이 흐리게 된다.

▶ 疏 트일 소, 廣 넓을 광, 賢 어질 현, 財 재물 재, 損 덜 손, 志 뜻 지, 愚 어리석을 우, 益 더할 익, 過 허물 과

사람이 가난하면 지혜도 짧아진다

인 빈 지 단
人貧智短하고

복 지 심 령
福至心靈이니라.

사람이 가난하면 지혜도 짧아지고, 복이 이르면 마음도 영특해지느니라.

● 가난하면 마음이 급해서 서두르게 된다. 그래서 시행착오도 많이 겪게 되
　어 마치 지혜가 모자라는 것 같기도 하다.

▶ 貧 가난할 빈, 智 슬기 지, 短 짧을 단, 福 복 복, 至 이를 지, 靈 신령 령

경험에서 지혜를 얻으려면 작은 일이라도 소홀히 해서는 안 된다

불 경 일 사   부 장 일 지
不經一事면 不長一智니라.

한 가지의 일을 경험하지 않으면, 그 일에 대한 한 가지 지혜도 자라지
못하느니라.

● 경험에서 지혜를 얻으려면 아무리 작은 일이라도 소홀히 하지 말고 성실히
  수행해야 자신의 지혜가 된다.

▸ 經 경륜할 경, 事 일 사, 長 자랄 장, 智 슬기 지

옳고 그른 시비는 들은 체하지 않으면 저절로 사라진다

시 비 종 일 유　　불 청　　자 연 무
是非終日有라도　不聽이면　自然無니라.

옳고 그른 시비가 종일토록 있더라도 들은 체하지 않으면 자연히 사라
지느니라.

● 옳고 그름은 상대적이다. 그 옳고 그름을 나의 마음속에서 바르게 판단할
　일이지 가볍게 말로 대꾸할 것이 아니다.

▶ 是 옳을 시, 非 그를 비, 終 마침 종, 聽 들을 청, 自 스스로 자, 然 그러할 연

남의 옳고 그름을 말하는 자는 곧 나에게 시비를 거는 사람이다

내 설 시 비 자   변 시 시 비 인
來說是非者는 便是是非人이니라.

와서 남의 옳고 그름을 말하는 자는 곧 나에게 시비를 거는 사람이니라.

● 나를 찾아와 쓸데없이 남의 옳고 그름을 말하는 이는 바로 나에게 시비를
  거는 사람이다. 그 사람은 나의 시비를 똑같이 남에게 가서 할 수 있는 소지
  를 가졌기 때문이다.

▶ 來 올 래, 說 말씀 설, 便 곧(즉시) 변, 是 옳을 시. 人 사람 인

모든 일은 나 자신에서 일어난다

격 양 시　　운　평 생　　부 작 추 미 사
擊壤詩에 云, 平生에 不作皺眉事하면

세 상　　응 무 절 치 인　　대 명　　기 유 전 완 석
世上에 應無切齒人이니 大名을 豈有鐫頑石가

노 상 행 인　　구 승 비
路上行人이 口勝碑니라.

「격양시」에 이르기를, 평생에 눈썹 찌푸릴 일을 하지 아니하면 세상 사람가운데 응당 나에게 이를 갈 사람이 없을 것이다. 큰 이름을 어찌 무딘 돌에 새길 것인가, 길 가는 사람의 입이 비석(碑石)보다 나으니라.

● 남에게 원수 될 만한 일을 한 일이 없으면 남이 나를 원수로 생각하지 않을 것이다. 세상은 내가 있고서 남이 있으니 모든 것이 나에게서 일어난 것이다.

▸ 擊 부딪칠 격, 壤 고은 흙 양, 詩 시 시, 皺 주름 추, 眉 눈썹 미, 應 응당 응, 切 끊을 절, 齒 이 치, 豈 어찌 기, 鐫 새길 전, 頑 완고할 완, 路 길 로, 勝 이길 승, 碑 비석 비

사향을 지녔으면 자연히 향기가 난다

유 사 자 연 향　　　하 필 당 풍 립
有麝自然香이니 何必當風立가.

사향을 지녔으면 자연히 향기가 날 것이니, 어찌 꼭 바람을 향하여 서 서 있겠는가.

● 사향은 향기 중에서도 가장 좋은 향이다. 여기서는 사람의 덕으로 비유한 말이다. 덕을 꽃으로 비유한다. '화하고 온순함이 중심에 쌓여 꽃이 밖으로 피어난다.'고 하였다. 꽃은 피어 있음으로 족하다. 바람이 불건 안 불건 향 기는 나는 것이다.

▸ 麝 사향노루 사, 自 스스로 자, 然 그러할 연, 香 향기 향, 當 대적할 당, 風 바람 풍. 立 설 립

省心篇 上 33

여유 있을 때 아끼고 지위가 높으면 겸손해야 한다

유 복 막 향 진　　복 진 신 빈 궁　　유 세 막 사 진
有福莫享盡하라 福盡身貧窮이요 有勢莫使盡하라

세 진 상 봉　　복 혜 상 자 석　　세 혜 상 자 공
勢盡相逢이니라 福兮常自惜하고 勢兮常自恭하라

인 생 교 여 치　　유 시 다 무 종
人生驕與侈는 有始多無終이니라.

복이 있다고 다 누리지 말라. 복이 다하면 몸은 빈천하고 곤궁해질 것
이요, 권세가 있다고 다 부리지 말라. 권세가 다하면 원수와 서로 마주
하느니라. 복이 있거든 항상 스스로 아끼고, 권세가 있거든 항상 스스
로 공손하라. 인간 생활에서 흔히 교만과 사치는 처음은 있으나 나중
에는 없는 경우가 많으니라.

● 여유 있을 때 아끼고 지위가 높으면 겸손하라는 교훈이다.

▸福 복받을 복, 享 누릴 향, 盡 다할 진, 貧 가난할 빈, 窮 다할 궁, 勢 기세 세, 冤
원통할 원, 逢 만날 봉, 惜 아낄 석, 恭 공손할 공, 驕 교만할 교, 侈 사치할 치. 始
처음 시, 終 끝 종

무엇이든 여유를 갖고 해야 한다

왕 참 정 사 류 명　　왈　유 유 여 부 진 지 교　　이 환 조 물
王參政四留銘에 日, 留有餘不盡之巧하여 以還造物하고

유 유 여 부 진 지 록　　이 환 조 정　　유 유 여 부 진 지 재
留有餘不盡之祿하여 以還朝廷하고 留有餘不盡之財하여

이 환 백 성　　유 유 여 부 진 지 복　　이 환 자 손
以還百姓하고 留有餘不盡之福하여 以還子孫이니라.

왕참정이 「사류명」에 이르기를, 여유를 갖고 재주를 남겨 두었다가 조물주에 돌려주고, 여유를 갖고 봉록(俸祿)을 남겨 두었다가 조정에 돌려주고, 여유를 갖고 재물을 남겨 두었다가 백성에게 돌려주고, 여유를 갖고 복을 남겨 두었다가 자손에게 돌려줄지니라.

● 무엇이든 여유를 갖고 하라는 말이다.

◆ 왕참정(王參政) : 북송 진종(眞宗) 때 사람으로 이름은 단(旦), 자는 자명(字明), 시호는 문정(文正)으로 명재상이었다. 첨정(參政)은 그의 관직명이다. 사류명(四留銘)이란 '네 가지를 남겨 두라.'는 계명으로 일종의 자신과 후손들을 위한 가훈의 성격의 글이다.

▶ 王 성씨 왕, 參 간여할 참, 政 정사 정, 留 머물 유, 銘 새길 명, 餘 남을 여, 盡 다할 진, 巧 공교할 교, 還 돌려줄 환, 造 지을 조, 祿 복 록. 朝 아침 조, 廷 조정 정

남의 조언 한 마디가 내 몸가짐에 유익하다

황금 천 냥   미 위 귀
黃金千兩이 未爲貴요

득 인 일 어   승 천 금
得人一語가 勝千金이니라.

황금 천 냥이 귀한 것이 아니요, 남의 좋은 말 한 마디 듣는 것이 천금
(千金)보다 나으니라.

● 황금이 인격을 규정하는 것이 아니다. 오히려 남의 조언 한 마디가 나의 몸
   가짐에 유익하다.

▶ 黃 누를 황, 金 황금 금, 千 일천 천, 未 아닐 미, 爲 될 위, 貴 귀할 귀, 兩 두 량
   (냥), 得 얻을 득, 語 말씀 어, 勝 이길 승

오늘의 고생은 내일의 즐거움이다

교 자   졸 지 노   고 자   낙 지 모
巧者는 拙之奴요 苦者는 樂之母니라.

재주 있는 자는 재주 없는 자의 종이요, 오늘의 고생은 내일의 즐거움의 모체(바탕)이니라.

● 재주는 누구나 가지기를 바라는 것이다. 그러나 그 재주는 남을 위하여 일하는 것이다.

▶ 巧 공교할 교, 拙 졸할 졸, 奴 종 노, 苦 쓸 고, 樂 즐길 락, 母 어미 모

모든 일을 분수에 넘치지 않게 해야 한다

소 선　　난 감 중 재　　심 경　　불 의 독 행
小船은 難堪重載요 深逕은 不宜獨行이니라.

작은 배는 많은 짐을 감당하기 어렵고, 으슥한 길은 혼자 다니기에 마땅치 않으니라.

● 모든 일을 분수에 넘치지 않게 하고 또 언행도 삼가서 조심하라는 것이다.

▶ 船 배 선, 難 어려울 난, 堪 견딜 감, 載 실을 재, 逕 좁은 길 경, 宜 마땅할 의. 獨 홀로 독, 行 다닐 행

가난해도 도를 즐김이 돈보다 값어치가 많다

황 금   미 시 귀
黃金이 未是貴요

안 락   치 전 다
安樂이 値錢多니라.

황금이 귀한 것이 아니요, 빈한함에도 편안하고 도를 즐김이 돈보다
값어치가 많으니라.

● 황금을 귀히 여기지 않는 사람이 없지만, 황금이 필요하다는 것은 물질적
　부를 누리자는 것이요. 물질적 부는 몸의 평안을 바라기 때문이다.

▶ 黃 누를 황, 金 황금 금, 貴 귀할 귀, 安 편안 안, 樂 즐길 락, 値 값 치, 錢 돈 전, 多
　많을 다

내가 남을 대접하는 것은 결국 나를 위하는 일이다

재 가　　불 회 요 빈 객
在家에 不會邀賓客이면

출 외　　방 지 소 주 인
出外에 方知少主人이니라.

집에 있을 때에 찾아오는 손님을 맞이할 줄 모른다면, 밖에 나가서야
비로소 나를 손님으로 맞아줄 주인이 적은 것을 아느니라.

● 내가 남을 대접하는 것이 남을 위하는 일이 아니라 결국 나를 위하는 일이
라 생각하라.

▸ 在 있을 재, 家 집 가, 會 모일 회, 邀 맞이할 요(료), 賓 손 빈, 客 손 객, 主 주인 주

가난하면 아는 사람이 없다

빈 거 요 시 무 상 식
貧居鬧市無相識이요

부 주 심 산 유 원 친
富住深山有遠親이니라.

가난하면 번화한 시장거리에 살아도 서로 아는 사람이 없을 것이요,
부유하면 깊은 산골에 살아도 먼 데서 찾아오는 친구가 있느니라.

● 보통 사람의 정을 말한 것이다. 그러나 가난하여도 덕이 있으면 사람은 찾
  아올 것이요. 부자여도 덕이 없으면 사람들은 멀어진다.

▸ 鬧 시끄러울 요(뇨), 市 저자 시, 識 알 식, 富 넉넉할 부, 住 살 주, 深 깊을 심, 遠
  멀 원, 親 친할 친

세상의 인정(人情)은 곧 돈 있는 집으로 쏠린다

인 의　　진 종 빈 처 단
人義는 盡從貧處斷이요

세 정　　변 향 유 전 가
世情은 便向有錢家니라.

사람의 의리는 모두 가난한 데서 끊어지는 것이요, 세상의 인정(人情)
은 곧 돈 있는 집으로 쏠리느니라.

▶ 義 옳을 의, 盡 다할 진, 從 좇을 종, 貧 가난할 빈, 處 살 처, 斷 끊을 단, 世 인간
　세, 情 뜻 정, 便 곧 변, 錢 돈 전

항상 말을 조심해야 한다

영 색 무 저 항
寧塞無底缸이언정

난 색 비 하 횡
難塞鼻下橫이니라.

차라리 밑 빠진 항아리는 막을 수 있을지언정, 코 아래 가로 놓인 것
(입)은 막기 어려우니라.

- 말을 조심하라는 교훈이다. 밑 빠진 독은 채워도 코 아래 한 치밖에 안 되는
  입을 막기는 어렵다는 것이다.

▶ 寧 차라리 녕, 塞 막을 색, 底 밑 저, 缸 항아리 항, 難 어려울 난, 鼻 코 비, 橫 가로 횡

사람의 정분은 군색한 가운데서 멀어진다

인 정　　개 위 군 중 소
人情은 皆爲窘中疎니라.

사람의 정분은 모두 군색한 가운데서 멀어지느니라.

▸ 情 뜻 정, 皆 다 개, 爲 할 위, 窘 막힐 군, 疎 트일(멀리할) 소

술에는 성취와 실패가 있어 함부로 마시면 안 된다

사기 왈 교천예묘 비주불향 군신붕우 비주불의
史記에 曰, 郊天禮廟는 非酒不享이요 君臣朋友는 非酒不義요

투쟁상화 비주불권 고 주유성패이불가범음지
鬪爭相和는 非酒不勸이라 故로 酒有成敗而不可泛飮之니라.

「사기」에 이르기를 하늘에 제사 지내고 종묘에 제례를 올림에는 술이
아니면 흠향하지 않을 것이요, 임금과 신하, 벗과 벗 사이에는 술이 아
니면 정의가 두터워지지 않을 것이요, 싸우고 나서 서로 화해함에는
술이 아니면 권하지 못할 것이다. 그러므로 술에는 성취와 실패가 있
어 함부로 마시면 안 되느니라.

● 술의 좋은 점과 나쁜 점을 말한 것이나 끝 구절의 '함부로 마시지 말라.'는
결론에 역점을 둔 글이다.

◆ 사기(史記) : 고대 전설의 황제(黃帝)로부터 한(漢)나라 무제(武帝)까지의 역대 왕
조에 대한 사적을 사마천(司馬遷)이 기전체로 적은 역사책이다. 약 3천 년 동안
의 중국 역사를 기록한 사서(史書)로 본기(本紀) 12, 서(書) 8, 세가(世家) 30, 열천
(列傳) 70여 편 등 총 130여 편으로 구성됨.

▶ 史 역사 사, 記 기록할 기, 郊 성 밖(들) 교, 禮 예도 례, 廟 사당 묘, 享 누릴 향, 鬪
싸움 투, 爭 다툴 쟁, 勸 권할 권, 泛 뜰(널리) 범, 飮 마실 음. 之 대명사 지

도에 뜻을 둔다는 것은 바른 길을 가는 것이다

자왈   사 지 어 도   이 치 악 의 악 식 자   미 족 여 의 야
子曰, 士志於道 而恥惡衣惡食者는 未足與議也니라.

공자께서 말씀하셨다.
선비가 도에 뜻을 두고도, 허름한 옷과 거친 음식을 부끄러워하는 자는 함께 도모할 수 없느니라.

● 도에 뜻을 둔다는 것은 바른 길을 간다는 것이다. 바른 길은 의식주와 같은 외재적 요인에 있는 것이 아니라 내재적 정신내용에 있는 것이다. '밥이란 배를 채우면 족하고 옷이란 몸을 가리면 족하다.'

▸ 士 선비 사, 志 뜻 지, 道 법도 도, 恥 부끄러워할 치, 與 더불어 여, 議 도모할 의

투기는 사람을 멀어지게 한다

순 자 왈   사 유 투 우   즉 현 교 불 친
荀子曰, 士有妬友하면 則賢交不親하고

군 유 투 신   즉 현 인 부 지
君有妬臣하면 則賢人不至니라.

순자가 말하였다.

선비가 벗을 투기하는 일이 있다면 어진 벗과 사귐에 친할 수 없고, 임금이 신하를 투기하는 일이 있다면 어진 사람이 신하로 오지 않느니라.

● 시기하는 친구나 아랫사람을 두었다는 것은 내가 그런 자세를 가졌기 때문이다. 그로 인해 어진 이가 자연히 멀어지게 되기 마련이다.

▶ 荀 성씨 순, 士 선비 사, 妬 새암 할 투, 賢 어질 현, 親 친할 친, 君 임금 군, 臣 신하 신, 至 이를 지

분수에 넘치는 일을 해서는 안 된다

천 불 생 무 록 지 인   지 부 장 무 명 지 초
天不生無祿之人하고 地不長無名之草니라.

하늘은 먹고 살 수 없는 사람을 태어나게 하지 않고, 땅은 이름 없는 풀
을 자라게 하지 않느니라.

● '녹'이란 살아가는 데 있어서 최소한의 자산이다. 사람은 살아가는 데 필요
  한 최소의 물질은 있게 마련이라는 뜻으로 분수에 넘친 무리한 물질 추구
  를 하지 말라는 것이다.

▶ 天 하늘 천, 生 날 생, 祿 녹 록(급료 복), 地 땅 지, 長 기를 장, 名 이름 명, 草 풀
  (잡초) 초

큰 부자는 하늘에 달려 있다

대부　유천
大富는 由天하고

소부　유근
小富는 由勤이니라.

큰 부자는 하늘에 달려 있고, 작은 부자는 부지런한 데 달려 있느니라.

● 부자가 되려는 것은 만인의 욕심이지만 부지런히 노력하면 그만한 여유는
　오는 것이다.

▸ 大 큰 대, 富 넉넉할 부, 由 말미암을(달려 있다) 유, 勤 부지런할 근

흥망의 갈림길은 사물을 아끼는 마음가짐에 있다

성 가 지 아   석 분 여 금
成家之兒는 惜糞如金하고

패 가 지 아   용 금 여 분
敗家之兒는 用金如糞이니라.

장차 집안을 일으킬 아이는 똥 아끼기를 금과 같이 여기고, 집안을 망칠 아이는 돈 쓰기를 똥과 같이 여기느니라.

● 이루느냐 패하느냐의 갈림길이 사물을 아끼는 마음가짐에 있다. 똥은 지극히 천한 물질의 대명사요, 금은 지극히 귀한 물질의 대명사다. 성패의 갈림길은 지극히 천한 것도 귀히 여기나 반대로 지극히 귀한 것도 천하게 여기는데 있다는 것이다.

▸ 成 이룰 성, 家 집 가, 惜 아낄 석, 糞 똥 분, 敗 망할(패할) 패, 兒 어린아이 아, 金 황금 금

모든 일은 일어나기 전에 미리 막아야 한다

강절소선생　　　왈　한　거　　신물설무방　　　설무방변유방
康節邵先生이 曰, 閑居에 愼勿說無妨하라 說無妨便有妨이니라

상구물다능작질　　　쾌심사과필유앙
爽口物多能作疾이요 快心事過必有殃이라

여기병후능복약　　　불약병전능자방
與其病後能服藥으론 不若病前能自防이니라.

소강절 선생이 말하였다.

한가하게 살 때에 삼가 아무런 해로움이 없다고 말하지 말라. 방금 전
에 해로움이 없다고 말하자마자 문득 해로움이 있게 되느니라. 입을
즐겁게 하는 음식이 많으면 마침내 병이 생기는 법이요, 마음에 상쾌한
일은 지나치게 되면 반드시 재앙이 있게 되느니라. 병이 난 후에 약을
먹는 것은 차라리 병나기 전에 스스로 예방하는 것만 같지 못하니라.

● 모든 일은 일어나기 전에 미리 막아야 한다는 뜻이다.

▶ 閑 한가할 한, 居 살 거, 愼 삼갈 신, 纔 겨우 재, 爽 시원할 상, 疾 병 질, 殃 재앙
　앙. 藥 약 약, 防 예방할 방

천지간 모든 일은 모두 갚음이 있다

<ruby>梓<rt>재</rt></ruby><ruby>潼<rt>동</rt></ruby><ruby>帝<rt>제</rt></ruby><ruby>君<rt>군</rt></ruby><ruby>垂<rt>수</rt></ruby><ruby>訓<rt>훈</rt></ruby>에 曰(왈), 妙藥(묘약)도 難醫(난의)債病(채병)이요 橫財(횡재)는

不富(불부)命窮人(명궁인)이라 生事事生(생사사생)을 君莫怨(군막원)하고 害人人害(해인인해)를

汝休嗔(여휴진)하라 天地自然(천지자연)이 皆有報(개유보)하니 遠在兒孫近在身(원재아손근재신)이니라.

재동제군의 「수훈(垂訓)」에 이르기를, 신묘(神妙)한 약이라도 원한에 사무친 병은 고치기 어렵고, 뜻밖에 생기는 횡재는 운이 나쁜 사람을 부자로 만들지 않느니라. 일을 저지르고 나서 일이 생기는 것을 그대는 원망하지 말고, 남을 해치면 남이 나를 해치는 것을 그대는 성내지 말라. 천지간 모든 일은 자연히 모두 갚음이 있나니, 그 되갚음이 멀면 자손에게 있고 가까우면 자기 몸에 있느니라.

◆ 재동제군(梓潼帝君) : 도가(道家)에 속한 신선으로 문창성(文昌星)을 주관하는 문창제군(文昌帝君)이라고도 불린다. 인간의 복(福)과 문장(文章)을 주관하는 천상의 신령이다.

▶ 梓 가래나무 재, 潼 강이름 동, 帝 임금 제, 君 임금 군, 垂 드리울 수, 訓 가르칠 훈, 妙 묘할 묘, 藥 약 약, 醫 의원 의, 寃 원통할 원, 窮 다할 궁, 怨 원망할 원, 嗔 성낼 진, 報 갚을 보, 遠 멀 원, 近 가까울 근

뿔을 준 동물에게는 이빨을 주지 않았다

화 락 화 개 개 우 락   금 의 포 의 경 환 착
花落花開開又落하고 錦衣布衣更換着이라

호 가   미 필 상 부 귀   빈 가   미 필 장 적 막
豪家도 未必常富貴요 貧家도 未必長寂寞이라

부 인   미 필 상 청   추 인   미 필 전 구 학
扶人에 未必上靑요 推人에 未必塡溝壑이라

권 군 범 사 막 원 천   천 의 어 인   무 후 박
勸君凡事莫怨天하라 天意於人에 無厚薄이니라

꽃은 지고 다시 피며, 피었다가 다시 지고, 비단옷과 삼베옷을 교대로 바꿔 입느니라. 호화로운 집이라도 반드시 언제나 부유하고 귀한 것은 아니요, 가난한 집이라도 반드시 늘 적막하지는 않느니라. 사람을 붙들어 올려도 반드시 푸른 하늘에 올라가지 못할 것이요, 사람을 밀어뜨린다 해서 반드시 깊은 구덩이에 굴러 떨어지지는 않느니라. 그대에게 권고하노니, 매사에 있어서 하늘을 원망하지 마라. 하늘은 사람에게 후(厚)하게 하고 박(薄)하게 함이 뜻이 있는 것이 아니니라.

● 자연의 이치는 어디에 후하게 하고 어디에 박하게 함이 없음을 강조한 글이다. '뿔을 준 동물에게는 이빨을 주지 않았다.'

▶ 花꽃 화, 落떨어질 락, 錦비단 금, 更바꿀 경, 換바꿀 환, 豪호걸 호, 寞쓸쓸할 막, 扶도울 부, 靑하늘 소, 塡메울 전, 溝도랑 구, 壑골 학, 勸권할 권, 意뜻의, 厚두터울 후, 薄엷을 박

하늘의 눈은 수레바퀴처럼 돌아간다

감 탄 인 심　　독 사 사　　수 지 천 안　　전 여 거
堪歎人心이 毒似蛇라 誰知天眼이 轉如車오.

거 년　　망 취 동 린 물　　금 일 환 귀 북 사 가
去年에 妄取東隣物터니 今日還歸北舍家라

무 의 전 재　　탕 발 설　　래 전 지　　수 추 사
無義錢財는 湯潑雪이요 來田地는 水推沙라

약 장 교 휼 위 생 계　　흡 사 조 개 모 낙 화
若將狡譎爲生計면 恰似朝開暮落花라.

사람의 독사 같은 마음 한스럽도다. 하늘의 눈이 수레바퀴처럼 돌아가
고 있음을 누가 알겠는가. 지난해에 부질없이 동쪽 이웃에서 가져온
물건이 오늘은 다시 북쪽 집으로 돌아가는구나. 의롭지 않은 돈과 재
물은 끓는 물에 눈[雪]이 녹는 것과 같이 없어지나니, 우연히 얻은 전
답은 물살이 모래를 미는 것과 같으니라. 만일 간사한 꾀로 생계를 삼
는다면, 아침에 피었다가 저녁에 지는 꽃과 같이 오래가지 못하리라.

● 끓는 물에 녹는 눈이라든가 모래에 덮인 땅이라든가 아침에 구름이나 지는
　꽃이 상징하는 의미는 덧없이 사라지고 마는 것을 말한다.

▶ 堪 견딜 감, 歎 한탄할 탄, 毒 독 독, 似 같을 사, 蛇 뱀 사, 轉 구를 전, 妄 허망할
　망, 湯 끓을 탕, 潑 뿌릴 발, 儻 갑자기(혹은) 당, 狡 교활할 교, 譎 속일 휼, 計 꾀
　계, 恰 흡사 흡, 朝 아침 조, 開 필 개, 暮 저물 모, 落 떨어질 락, 花 꽃 화.

인간의 수명은 자신의 힘으로 되는 것이 아니다

무 약 가 의 경 상 수   유 전 난 매 자 손 현
無藥可醫卿相壽요 有錢難買子孫賢이니라.

어떠한 약으로도 높은 지위에 있는 경상대부의 수명을 고칠 수 없고,
돈이 있어도 자손의 어질고 현명함을 사지 못하느니라.

● 인간의 수명이나 자손의 현명함은 자신의 힘으로 되는 것이 아니다.

▶ 藥 약 약, 醫 의원(고칠) 의, 卿 벼슬 경, 壽 목숨 수, 錢 돈 전, 難 어려울 난, 買 살
   매, 賢 어질 현

마음을 평온하게 갖고 맑아지면 그것이 신선이다

일 일 청 한   일 일 선
一日淸閑이면 一日仙이니라.

하루 동안 마음을 맑고 한가롭게 한다면 하루 동안 신선이니라.

● 예로부터 신선이 되기를 바라는 마음은 누구에게나 있었지만, 신선이 따로
　있는 것이 아니라 마음을 평온하게 갖고 맑아지면 그것이 신선이다.

▶ 一 한 일, 日 날 일, 淸 맑을 청, 閑 한가할 한, 仙 신선 선

省心篇 下

성심편 하

인덕(仁德)을 베풀고 사랑해야 한다

어짊을 베풀고 덕을 펴는 것은 대대로 영화롭다

진종황제어제　왈　지위식험　　종무나망지문
眞宗皇帝御製에 曰, 知危識險이면 終無羅網之門이요

거선천현　　자유안신지로　시인포덕　　내세대지영창
擧善薦賢이면 自有安身之路라 施仁布德은 乃世代之榮昌이요

회투보　　여자손지위환　　손인이기　종무현달운잉
懷妬報는 與子孫之危患이라 損人利己면 終無顯達雲仍이요

중성가　기유장구부귀　개명이체　개인교어이생
衆成家면 豈有長久富貴리오 改名異體는 皆因巧語而生이요

화기상신　개시불인지소
禍起傷身은 皆是不仁之끔니라.

진종황제(眞宗皇帝)의 「어제(御製)」에 이르기를, 미리 위태로움을 알고 험함을 알아 조심한다면, 종극에는 법망에 빠질 까닭이 없을 것이요, 선한 이를 등용하고 어진 이를 천거하면 스스로 몸은 편안한 길 위에 있게 되느니라.

어짊(仁)을 베풀고 덕(德)을 펴는 것은 곧 대대(代代)로 영화롭고 창성할 것이요, 투기하는 마음을 품고 원한에 보복함은 자손에게 위태로움과 근심을 끼쳐주는 것이니라.

남을 손해 끼치면서 자기의 이익을 취한다면, 마침내는 현달하는 자손을 둘 수 없을 것이요. 여러 사람을 해쳐서 자기 집안을 이루면 어찌 그렇게 얻은 부귀(富貴)가 오래갈 수 있으리오.

이름을 고치고 모습을 다르게 하는 것은 모두 교묘한 말재주에서 나오

게 된 것이요, 재앙이 일어나고 자기 몸까지 상하게 되는 것은 모두가
어질지 못함이 부른 것이니라.

◆ 진종황제(眞宗皇帝) : 송(宋) 태종의 셋째 아들로 북송 제3대 황제가 되었다. 전
　주(澶州)의 맹약(盟約)을 맺어 거란과의 오랜 분쟁을 해결하였으며 송나라의 문
　물의 융성함을 이루었다. 어제(御製)란 임금이 지은 시문(詩文)을 일컫는다.

▶ 眞 참 진, 宗 마루 종, 皇 임금 황, 帝 임금 제, 御 모실 어, 製 지을 제, 識 알 식, 羅
　새그물 라, 網 그물 망, 擧 들 거, 薦 천거할 천, 懷 품을 회, 妬 투기할 투, 寃 원통
　할 원. 顯 나타날 현, 達 통달할 달, 體 몸 체, 禍 재화 화, 起 일어날 기, 傷 상처 상,
　김 부를 소

191

언제나 부지런하고 검소해야 한다

신종황제 어 제　왈　원 비 도 지 재　　계 과 도 지 주
神宗皇帝御製에 曰, 遠非道之財하고 戒過度之酒하며

거 필 택 린　　교 필 택 우　　질 투　물 기 어 심
居必擇隣하고 交必擇友하라 嫉妬를 勿起於心하고

참 언　물 선 어 구　　골 육 빈 자　막 소
讒言을 勿宣於口하며 骨肉貧者를 莫疎하고

타 인 부 자　막 후　　극 기　이 근 검 위 선
他人富者를 莫厚하라 克己는 以勤儉爲先하고

애 중　이 겸 화 위 수　　상 사 이 왕 지 비
愛衆은 以謙和爲首하며 常思已往之非하고

매 념 미 래 지·구　　약 의 짐 지 사 언　　치 국 가 이 가 구
每念未來之咎하라 若依朕之斯言이면 治國家而可久니라.

신종황제(神宗皇帝)의 「어제(御製)」에 이르기를, 올바른 도의에 의해 생긴 재물이 아니면 멀리하고, 적당함(度)을 벗어난 술을 경계할 것이며, 살 곳을 정할 때는 반드시 이웃을 먼저 가리고, 친구를 사귐에는 언제나 사람을 가려서 사귀어라.

또 남을 시기함이 마음에서 일어나게 하지 말고, 남을 헐뜯는 말을 입밖에 내지 말며, 가까운 친인척 중에 가난한 사람을 소홀히 하시 밀고, 타인의 부귀(富貴)한 사람을 쓸데없이 후대하지 말라.

자신의 처지를 극복함에 있어서는 언제나 부지런하고 검소한 것을 첫째로 삼고, 사람들을 사랑함에 있어서는 겸손하고 화목한 것을 으뜸으

로 삼으며, 항상 지난날의 잘못을 생각하고, 언제나 앞날의 허물을 염려하라.

만약 이 말을 잘 따른다면 나라와 집안을 오랫동안 잘 다스려 보존할 수 있으리라.

● 임금으로서 백성들이 살아감에 있어 가져야 할 바른 마음을 일깨워 준 글이다.

◆ 신종(神宗) : 북송(北宋)의 제6대 황제로 이름은 욱(頊)이다. 재위기간은 1067~1085년으로 왕안석(王安石)을 등용하여 구법을 타파하고 신법을 채택하여 개혁하고자 하였다.

▶ 神 귀신 신, 遠 멀 원, 戒 경계할 계, 擇 가릴 택, 妬 강새암할 투, 讒 참소할 참, 宣 베풀 선, 克 이길 극, 勤 부지런할 근, 儉 검소할 검, 愛 사랑 애, 衆 무리 중, 謙 겸손할 겸, 念 생각할 념, 咎 허물 구, 依 의지할 의, 朕 나 짐, 治 다스릴 치, 久 오랠 구

구차히 탐내고 시기해서는 안 된다

고종황제어제 왈 일성지화 능소만경지신
高宗皇帝御製에 曰, 一星之火도 能燒萬頃之薪하고

반구비언 오손평생지덕 신피일루 상사직녀지로
半句非言도 誤損平生之德이라 身被一縷나 常思織女之勞하고

일식삼 매념농부지고 구탐투손 종무십재안강
日食三이나 每念農夫之苦하라 苟貪妬損이면 終無十載安康이요

적선존인 필유영화후예 복연선경 다인적행이생
積善存仁이면 必有榮華後裔니라 福緣善慶은 多因積行而生이요

입성초범 진시진실이득
入聖超凡은 盡是眞實而得이니라.

고종황제의 「어제(御製)」에 이르기를, 아주 작은 한 점의 불티도 능히 만경(萬頃)의 섶을 불태울 수 있고, 한 마디 그릇된 말도 평생에 쌓은 덕을 그르치고 훼손시킬 수 있느니라.

몸에 걸친 한 겹의 옷도 항상 베 짜는 여자의 수고로움을 생각하고, 하루 세 끼니의 밥을 먹을 때마다 늘 농부의 노고를 생각하라.

구차히 탐내고, 시기해서 남에게 손해를 끼친다면, 마침내 10년의 편안함도 없을 것이요, 선(善)을 쌓고 인(仁)을 보존하면, 반드시 후손들에게 영화가 있으리라.

복된 인연과 좋은 경사(慶事)는 대부분이 선행(先行)을 쌓음으로 인하여 생겨나는 것이요, 평범한 경지를 초월해서 성인의 경지에 들어가는 것은 모두 진실(眞實)함으로써 얻어지는 것이니라.

● 송나라가 금나라에 쫓겨 양자강 남쪽으로 내려와 나라를 세웠는데 이를 남송(남송)이라 한다. 고종황제는 남송의 첫 임금이다.

◆ 고종(高宗) : 북송(北宋)의 마지막 황제 휘종(徽宗)의 작은 아들로 양자강을 건너 남송의 초대 황제가 되었다. 1127년부터 1162년까지 제위에 있었다.

▶ 高 높을 고, 星 별 성, 燒 사를 소, 頃 넓이 단위 경, 薪 섶나무 신, 誤 그릇할 오, 被 이불 피, 縷 실 루, 織 짤 직, 飧 저녁밥 손, 農 농사 농, 載 해 재, 裔 후손 예, 緣 인연 연, 慶 경사 경, 超 넘을 초, 得 얻을 득

주변사람을 보면 그 사람을 알 수 있다

왕 량　　왈　욕 지 기 군　　선 시 기 신
王良이 曰, 欲知其君이면 先視其臣하고

욕 식 기 인　　선 시 기 우　　욕 지 기 부　　선 시 기 자
欲識其人이면 先視其友하고 欲知其父이면 先視其子하라.

군 성 신 충　　부 자 자 효
君聖臣忠하고 父慈子孝니라.

왕량이 말하였다.

그 임금을 알고자 한다면 먼저 그 신하를 보라. 그 사람을 알고자 한다
면 먼저 그 벗을 보라. 그 아버지를 알고자 한다면 먼저 그 자식을 보라.
임금이 거룩하면 그 신하가 충성스럽고, 아비가 인자(仁慈)하면 그 자
식이 효성스러우니라.

● 동기감응(同氣感應)이라는 말은 같은 기운끼리 감응하여 모인다는 말이다.
만물의 법칙이다. 인간에게 대입하면 유유상종(類類相從)이라는 말이다. 인
간이라는 말 자체가 사람과 사람이 어울린다는 말인데 비슷한 사람끼리 어
울린다. 사람을 분별함에는 여러 가지 방법이 있으나 주변사람을 살펴보는
것 또한 그 사람을 알 수 있는 좋은 방법이다.

◆ 왕량(王良) : 한나라를 찬탈하여 신(新)나라를 세웠던 왕망(王莽)이 관직에 나올
것을 권하였으나 모두 사양하였으며 이후 후한(後漢) 광무제(光武帝)의 부름에
응하여 관리가 되었다.

▶ 良 어질 량, 欲 하고자 할 욕, 知 알 지, 視 볼 시, 識 알 식, 聖 성스러울 성, 忠 충

성 충, 慈 사랑할 자

물이 지나치게 맑으면 고기가 없다

가 어　　운　수 지 청 즉 무 어　　인 지 찰 즉 무 도

家語에　云, 水至淸則無魚하고 人至察則無徒니라.

공자의 「가어」에 이르기를, 물이 지나치게 맑으면 고기가 없고, 사람이
지나치게 살피면 친구가 없느니라.

● 공자 「가어」는 자손들에게 교훈을 남기기 위해 쓴 말이다.

◆ 가어(家語) : 공자의 언행과 제자들과의 대화를 기록해 놓은 책이나 위(魏)나라
　왕숙(王肅)이 공자의 권위를 빌려 정현(鄭玄)의 학설을 공격하려고 지은 책이라
　고 한다. 가어(家語)란 「공자가어(孔子家語)」에 대한 약칭이다.

▸ 家 집 가, 語 말씀 어, 至 이를(지극히) 지, 淸 맑을 청, 魚 물고기 어, 則 곧 즉, 魚
　고기 어, 察 살필 찰, 徒 무리 도

사람은 각각 자기 처지에 따라 생각한다

허 경 종　　왈　춘 우 여 고　　행 인　　오 기 이
許敬宗이 曰, 春雨如膏나 行人은 惡其泥하고

추 월　　양 휘　　도 자　　증 기 조 감
秋月이 揚輝나 盜者는 憎其照鑑이니라.

허경종이 말하였다.

봄비가 대지를 기름지게 적시나 길가는 사람은 그 진창을 싫어하고,
가을달이 휘영청 밝으나 도둑질하는 자는 그 밝게 비추는 것을 싫어하
느니라.

● 사람은 각각 자기 처지에 따라 생각한다. 그것은 자신에게 이롭게 하려는
　심리이다. 이런 점을 뒤집어서 생각하면 남을 대할 때는 그 사람의 처지에
　맞도록 생각해 주는 것이 조화로운 생각이다.

◆ 허경종(許敬宗) : 당나라 태종 정관년간(貞觀年間)에 국사를 편찬하였다. 자는 연
　족(延族)임.

▶ 許 성씨 허, 敬 공경할 경, 宗 마루 종, 膏 살찔 고, 惡 싫어할 오(악할 악), 泥 진흙
　니, 濘 진창 녕, 揚 오를 양, 輝 빛날 휘, 盜 훔칠 도, 憎 미워할 증, 照 비출 조, 鑑
　살필 감

대장부는 명분과 절의를 소중하게 여긴다

경행록　운　대장부　　견선명　고
景行錄에 云, 大丈夫는 見善明 故로

중명절어태산　　용심정　고　　경사생어홍모
重名節於泰山하고 用心精 故로 輕死生於鴻毛니라.

「경행록(景行錄)」에 이르기를, 대장부는 선(善)을 밝게 보는 까닭에 명분과 절의(節義)를 태산보다도 더 소중히 여기고, 마음 쓰기를 정밀(精)하게 하는 까닭에 죽고 사는 것을 기러기 털보다도 더 가볍게 여기느니라.

● 명절(名節): 명분과 절의.

　태산(泰山): 산동성에 있는 높은 산 이름. 중국 오악(오악) 중의 하나.

　홍모(鴻毛): 기러기의 털, 극히 가벼운 것을 표현하는 말.

▶ 見 볼 견, 善 옳을 선, 明 밝을 명, 重 무거울 중, 名 이름 명, 節 절개 절, 泰 클 태, 精 정밀할 정, 輕 가벼울 경, 於 어조사 어, 鴻 큰기러기 홍, 毛 털 모

남의 위태로움을 구제해 주어야 한다

민 인 지 흉   낙 인 지 선
閔人之凶하고 樂人之善하며

제 인 지 급   구 인 지 위
濟人之急하고 救人之危니라.

남의 흉한 일을 마음속으로부터 민망히 여기고, 남의 좋은 일을 즐거
워하며, 남의 위급함을 구제해 주고, 남의 위태로움을 구제해 주어야
하느니라.

● 우리의 아름다운 풍속은 이웃의 슬픔이나 즐거움을 함께 하는 것이다.
  죽음에 당하여 함께 슬퍼하여 도와주며 남의 선행에는 표창을 하여 축하
  한다.

▶ 閔 민망할 민, 凶 흉할 흉, 樂 즐거울 락, 善 좋을 선, 濟 건널(구제할) 제, 急 급할
  급, 救 구원할(도울) 구. 危 위태할 위

등 뒤에서 하는 말은 믿어서는 안 된다

경 목 지 사　　공 미 개 진
經目之事라도 恐未皆眞이어늘

배 후 지 언　　기 족 심 신
背後之言을 豈足深信이리오.

눈으로 직접 본 일이라 하더라도 모두 진실이 아닐까 두렵거늘, 등 뒤
에서 하는 말을 어찌 족히 깊이 믿을 수 있으리오.

▶ 經 지날 경, 目 눈 목, 事 일 사, 恐 두려울 공, 眞 참 진, 背 등 배, 豈 어찌 기. 深
깊을 심, 信 믿을 신

제 발부리는 탓하지 않고 돌만 탓한다

불 한 자 가 급 승 단
不恨自家汲繩短하고

지 한 타 가 고 정 심
只恨他家苦井深이로다.

자기 집의 두레박줄이 짧은 것은 탓하지 않고, 남의 집 우물이 깊은 것
만을 탓하느니라.

● '제 발부리는 탓하지 않고 돌만 탓한다'.는 속담이 있듯이 두레박줄이 짧지
우물이 깊은 것이 아니다. 자기의 두레박줄 이라는 것과 남의 우물이라는
관계에서 남의 우물만 탓한다.

▸ 恨 한할(탓할) 한, 家 집 가, 汲 길을(긷다) 급, 繩 줄 승, 短 짧을 단. 他 다를 타,
苦 고생할 고, 井 우물 정, 深 깊을 심

부정한 사람은 많지만 구속되는 사람은 박복한 사람뿐이다

장 람   만 천 하
臟濫이 滿天下하되

죄 구 박 복 인
罪拘薄福人이니라.

부정하게 뇌물을 취하는 사람이 천하에 가득하되 죄에 걸려 구속되는
사람은 박복한 사람뿐이니라.

▶ 臟 장물 장, 濫 퍼질 람, 滿 가득 찰 만, 罪 허물 죄, 拘 잡을 구, 薄 엷을 박

일상의 도를 어기면 그에 따른 재앙이 있다

천 약 개 상   불 풍 즉 우
天若改常이면 不風卽雨요

인 약 개 상   불 병 즉 사
人若改常이면 不病卽死니라.

하늘이 만약 정상적인 날씨를 바꿀 것 같으면 폭풍이 아니면 폭우를
쏟아낼 것이요, 사람이 만약 일상의 법도를 바꿀 것 같으면 병들지 않
으면 죽느니라.

● 사람이 병들고 죽는 것은 불가피하게 지나가는 과정이기는 하나, 까닭모를
   병이나 돌연한 죽음은 평상의 과정은 아니다. 어딘가 상도를 벗어났기 때
   문에 오는 것임이 틀림없다. 이 글은 평상의 진리대로 살아가야지, 상도를
   어기면 그에 따른 재앙이 있다는 교훈이다.

▶ 天 하늘 천, 若 만일 약, 改 고칠 개, 常 항상 상, 卽 곧 즉, 病 병 병, 死 죽을 사

나라가 바르면 하늘도 어지다

<pre>
장 원 시   운   국 정   천 심 순   관 청   민 자 안
壯元詩에 云, 國正이면 天心順하고 官淸이면 民自安이라.

처 현   부 화 소   자 효   부 심 관
妻賢이면 夫禍少하고 子孝면 父心寬이니라.
</pre>

「장원시」에 이르기를, 나라가 바르면 하늘의 마음(天心)도 순조롭고, 벼슬아치가 청렴하면 백성도 저절로 편안하느니라. 아내가 어질면 그 남편에게 화(禍)가 적고, 자식이 효성스러우면 그 부모의 마음이 너그러우니라.

● 효도란 부모의 마음을 편하게 해드리는 것이다. 아주 평범한 진리다. 진리는 항상 평범한 것이지만 행하기란 매우 어렵다는 것을 잊어서는 안 된다.

  장원시(壯元詩) : 과거에서 장원급제한 사람이 남긴 시(詩).

▶ 壯 씩씩할 장, 元 으뜸 원, 詩 시 시, 國 나라 국, 正 바를 정, 順 순할 순, 官 벼슬 관, 淸 탐욕없을 청, 民 백성 민, 安 편안 안, 妻 아내 처, 賢 어질 현, 禍 재화 화, 孝 효도 효, 寬 너그러울 관

남의 충고를 받아들이면 성스러워진다

자 왈   목 종 승 즉 직
子曰. 木從繩則直하고

인 수 간 즉 성
人受諫則聖이니라.

공자께서 말씀하셨다.
나무는 먹줄을 따라 깎으면 곧아지고, 사람은 남의 충고를 받아들이면
성스러워지느니라.

● 먹줄은 직선을 그을 때 사용하는 줄이다. 충고하는 말도 직언이라 한다. 곧
은 말이다. 이 곧은 말을 따르면 굽은 나무를 곧게 깎듯이 내가 곧은 사람이
된다는 뜻이다.

▶ 從 쫓을 종, 繩 먹줄 승, 直 곧을 직, 受 받아들일 수, 諫 간할 간, 則 곧 즉, 聖 성
스러울 성

省心篇 下 15

미래의 시간을 염두에 두어야 한다

일 파 청 산 경 색 유　　　전 인 전 토 후 인 수
一派靑山景色幽한데 前人田土後人收라

후 인 수 득 막 환 희　　　갱 유 수 인 재 후 두
後人收得莫歡喜하라 更有收人在後頭니라.

한 줄기 퍼져가는 푸른 산에 경치가 그윽한데, 앞사람이 가꾸던 밭과
토지를 뒷사람이 거두는구나. 뒷사람은 거두어 얻는 것을 기뻐하지 마
라, 곧 다시 거둘 사람이 뒷머리에 있게 되느니라.

● 현재에 너무 집착하지 말고 미래의 시간을 염두에 두고 현재를 충실하게
　살라는 교훈이다.

▶ 派 물갈래 파, 靑 푸를 청, 景 별 경, 幽 그윽할 유, 收 거둘 수, 莫 말 막, 歡 기뻐
　할 환, 喜 기쁠 희, 更 다시 갱(고칠 경). 收 거둘 수, 後 뒤 후, 頭 시초 두

까닭 없이 천금을 얻는다면 반드시 큰 재앙이 있다

소 동 파 왈　무 고 이 득 천 금
蘇東坡曰, 無故而得千金이면

불 유 대 복　　필 유 대 화
不有大福이라 必有大禍니라.

소동파가 말하였다.

까닭 없이 천금을 얻는다면 큰 복이 있는 것이 아니라, 반드시 큰 재앙이 있느니라.

● 노력 없이 얻은 결과는 모두가 부실하다. 더구나 그것이 이유 없이 많은 재물을 얻었다면 그것은 사람의 마음을 방탕하게 만든다. 방탕이란 자신에게 화를 불러 올 소지가 되는 것이다.

◆ 소동파(蘇東坡) : 이름은 식(軾)으로 호가 동파(東坡)이다. 시(詩), 문(文), 서(書), 화(畵)에 모두 능통하였다. 북송(北宋)의 문인으로서 당송팔대가(唐宋八大家)의 한 사람이다. 그 아버지 순(洵)·아우 철(轍)도 모두 탁월한 문장가여서 함께 삼소(三蘇)로 일컬어졌다.

▶ 蘇 성씨 소, 東 동녘 동, 坡 작은 언덕 파, 故 연고 고, 得 얻을 득, 福 복 복, 禍 재화 화

화와 복은 모두 나에게서 일어나는 것이다

강절소선생　왈　유인　　래문복　　　여하시화복
康節邵先生이 曰, 有人이 來問卜하되 如何是禍福고

아휴인시화　　인휴아시복
我虧人是禍요 人虧我是福이니라.

소강절 선생이 말하였다.

어떤 사람이 와서 점을 치되, '어떤 것이 화(禍)가 되고 어떤 것이 복이
되느냐.'고 하기에 대답했다. '내가 남을 해롭게 하면 이것이 화(禍)요,
남이 나를 해롭게 하면 이것이 복(福)이니라.'

● 화와 복이 밖에서 오는 것이 아니라 모두 나에게서 일어나는 것이다. 남을
　해롭게 하면 그 결과의 재앙이 나에게 오는 것이 당연하고, 남이 나를 헐뜯
　는 것을 내가 대꾸하지 않으면 그 이상의 화는 없으니 복이 되는 것이다.

▶ 來 올 래, 問 물을 문, 卜 점 복, 如 같을 여, 何 어찌 하, 禍 재화 화, 福 복 복, 虧
이지러질 휴, 我 나 아

아무리 재산이 많아도 하루 세 끼 식사는 같다

대 하 천 간　　야 와 팔 척
大廈千間이라도 夜臥八尺이요

양 전 만 경　　일 식 이 승
良田萬頃이라도 日食二升이니라.

큰 집에 방이 일천 칸이라도 밤에 눕는 곳은 여덟 자뿐이요, 기름진 밭이 만 경(萬頃)이라도 하루의 식량은 두 되를 먹느니라.

▶ 廈 큰 집 하, 間 틈 간, 夜 밤 야, 臥 누워 잘 와, 良 좋을 양, 萬 일만 만, 頃 넓이 단위 경, 食 먹을 식, 升 되 승

남의 거처에 오래 머물면 남이 나를 천하게 여긴다

구 주 령 인 천　　빈 래 친 야 소
久住令人賤이요 頻來親也疎라

단 간 삼 오 일　　상 견 불 여 초
但看三五日에 相見不如初니라.

남의 거처에 오래 머물면 남이 나를 천하게 여기고, 자주 찾아오면 친하던 사이도 소원해지느니라. 다만 사흘이나 닷새만 보아도 서로 보는 것이 처음만 같지 못하니라.

● 사람이 한 곳에 너무 오래 머물면 인심이 박해지게 마련이다. 너무 자주 왕래하면 친한 사람도 멀어지게 되어 있다.

▶ 久 오랠 구, 住 머무를 주, 令 영 령, 賤 천할 천, 頻 자주 빈, 疎 성길 소, 但 다만 단, 看 볼 간

무엇이든 때에 맞아야 그 가치가 높다

갈 시 일 적　　어 감 로　　취 후 첨 배　　불 여 무
渴時一滴은 如甘露요 醉後添盃는 不如無니라.

목마를 때 물 한 방울은 감로수(甘露水)와 같고, 취한 뒤에 더 마시는 한 잔은 마시지 아니함만 못하니라.

● 무엇이든 때에 맞아야 그 가치가 높다. 어렵고 힘든 사람에게는 한 번의 작은 인정이 생명을 건져주는 것과 같다. 그러나 풍족한 사람에게 천금을 준다 해도 그 고마운 줄을 모를 것이다.

▶ 渴 목마를 갈, 滴 물방울 적, 如 같을 여, 甘 달 감, 露 이슬 로, 醉 취할 취, 添 더할 첨. 無 없을 무

스스로 취하고 스스로 미혹되는 것이다

주 불 취 인   인 자 취
酒不醉人이요 人自醉라

색 불 미 인   인 자 미
色不迷人이요 人自迷니라.

술이 사람을 취하게 하는 것이 아니라 사람이 스스로 취하는 것이며,
색(色)이 사람을 미혹시키는 것이 아니라 사람이 스스로 미혹되는 것
이니라.

▶ 酒 술 주, 醉 취할 취, 不 아닐 불, 色 빛 색, 迷 미혹할 미

공을 앞세우는 마음은 사리를 바르게 판단한다

공 심   약 비 사 심   하 사 불 변
公心을 若比私心이면 何事不辨이며,

도 념   약 동 정 념   성 불 다 시
道念을 若同情念이면 成佛多時니라.

다른 사람과 함께하는 공심을 만약 개인만을 위하는 사심에 비할 수
있다면, 일에 있어서 옳고 그름을 가려내지 못할 것이며, 도(道)를 향하
는 마음을 만약 남녀의 정(情)과 같이 여긴다면 부처를 이룬 지가 이미
오래이니라.

● 공(公)과 사(私)가 대칭되면서 항상 사(私) 쪽에 더 기울어지는 것이 일반사
  람들의 마음이요. 그것이 바로 욕심이다. 이 욕심은 사리판단을 흐리게 한
  다. 그러니 공을 앞세우는 마음이 있으면 사리를 바르게 판단할 것이다.

▶ 公 공변될 공, 若 만일 약, 比 견줄 비, 私 사사 사, 辨 분별할 변, 念 생각할 념, 成
  이룰 성, 佛 부처 불

교묘한 자는 흉하고 질박한 자는 길하다

염계 선 생 왈　교 자 언
濂溪先生曰, 巧者言하고

졸 자 묵　　교 자 로
拙者默하며 巧者勞하고

교 자 일　　교 자 적
拙者逸하며 巧者賊하고

졸 자 덕　　교 자 흉　　졸 자 길
拙者德하며 巧者凶하고 拙者吉하나니

오 호　　천 하 졸　　형 정　　철
嗚呼라 天下拙이면 刑政이 撤하여

상 안 하 순　　풍 청 폐 절
上安下順하며 風淸弊絶하리라.

주렴계 선생이 말하였다.

교묘한 자(巧者)는 말을 잘하고 질박한 사람(拙者)은 말이 없으며, 교묘한 자는 수고롭고 질박한 사람은 한가하며, 교묘한 자는 남을 해치고 질박한 사람은 덕성스러우며, 교묘한 자는 흉하고 질박한 자는 길하다. 아! 천하가 졸(拙)하면 형정(刑政)이 없어져 위가 편안하고 아래가 순종하며, 풍속이 맑고 나쁜 폐단이 없어지리라.

● 공교함과 졸렬함은 대칭적 개념이다. 공교로운 재주를 요구하는 것이 사회이기는 하지만, 공교함은 재치가 앞서 때로는 바른 길에서 벗어나기가 쉽

다. 따라서 졸렬함은 모자라 보이지만 인간의 깨끗한 성정이 보존되어 이 순수성을 지키면 풍속이 맑고 사회가 평온해진다.

◆ 주염계(周廉溪) : 성은 주(周). 이름은 돈이(敦頤). 자가 무숙(茂叔)이며 호가 염계(濂溪)이다. 북송(北宋)의 대학자로 도가(道家)과 유가(儒家)을 종합하여 「태극도설(太極圖說)」을 지었다. 이학(理學) 또는 주자학(朱子學)의 원조로서 신유가(新儒家)에서 추앙받았다.

▶ 濂 시내 염, 溪 시내 계, 巧 공교할 교, 拙 졸할 졸, 默 묵묵할 묵, 勞 일할 로, 逸 안일할 일, 賊 도둑 적, 凶 흉악할 흉, 嗚 탄식소리 오, 呼 부를 호, 刑 형벌 형, 撤 거둘 철, 順 순할 순, 弊 해질 폐, 絶 끊을 절

지혜가 모자라면서 도모하는 일이 크다면 재앙이다

역　왈　덕 미 이 위 존
易에　曰, 德微而位尊하고

지 소 이 모 대　　무 화 자 선 의
智小而謀大면 無禍者鮮矣니라.

「주역」에 이르기를, 베푼 덕이 미약하면서 지위가 높고, 지혜가 모자라
면서 도모하는 일이 크다면 재앙(禍가)이 없을 수 없다.

● 덕이란 언행에 나타나 상대방에게 감화를 주는 힘이 있다. 이러한 힘이 없
　이 자리만 높으면 상대방에게 감화를 주지 못할 뿐 아니라 남의 비웃음만
　사게 된다.

◆ 주역(周易) : 역경(易經)이라고도 함. 하나라의 연산역(連山易), 은나라의 귀장역
　(歸藏易)이 주나라에 이르러 주역(周易)이 되었다. 우주의 원리와 인간의 길흉화
　복(吉凶禍福)을 기록한 책으로 주나라의 문왕(文王)과 주공(周公)에 의해 상전(象
　傳)과 단전(彖傳)이 성립되었으며, 춘추시기의 공자(孔子)에 의해 정리되었으며
　십익(十翼)이 보태어져 완성되었다고 한다.

▶ 易 바꿀 역, 微 작을 미, 尊 높을 존, 智 슬기 지, 謀 꾀할 모, 禍 재앙 화, 鮮 적을
　선, 矣 어조사 의

재앙은 나태하고 게으른 데서 생긴다

설 원　　왈　관 태 어 환 성　　　병 가 어 소 유
說苑에　曰, 官怠於宦成하고　病加於小愈하며

화 생 어 해 태　　효 쇠 어 처 자　　찰 차 사 자　　　신 종 여 시
禍生於懈怠하고　孝衰於妻子니　察此四者하여　愼終如始니라.

「설원」에 이르기를, 관직에 있는 사람은 지위가 높아질수록 점점 위태
해지고, 병은 조금 낫는 데서 더해지며, 재앙은 나태하고 게으른 데서
생기고, 효도는 처자 때문에 허물어지니, 이 네 가지를 잘 살펴서 끝을
삼가 처음과 같이 할지니라.

● 환성(宦成): 벼슬이 이루어진다. 즉 지위가 성취되는 것.

　　모든 일은 처음과 끝이 한결같기가 어렵다. 일이 잘 이루어질 때 마음이 태
　　만해져서 그르치기 쉽다. 그러므로 초심을 놓지 말고 잘 지켜가라는 뜻이다.

◆ 설원(說苑): 전한(前漢) 때 유향(劉向)이 유명한 인물들에 대한 일화를 20권으로
　　구성하여 편찬한 책이다.

▶ 說 말씀 설, 苑 임금님 뜰 원, 怠 게으를 태, 宦 벼슬 환, 愈 나올 유, 懈 게으를 해,
　　衰 쇠할 쇠, 察 살필 찰, 愼 삼갈 신

그 무엇이든 한계가 있다

기 만 즉 일
器滿則溢하고

인 만 즉 상
人滿則喪이니라.

그릇은 가득차면 넘치고, 사람도 (운수가) 다하면 자신을 잃게 되느니라.

● 물이 그릇에 차면 넘치고, 달도 차면 기운다. '물건이 성하면 쇠한다.'는 말
이 있다. 무엇이나 한계가 있다. 인간도 마찬가지이다.

▸ 器 그릇 기, 滿 찰 만, 則 곧 즉, 溢 넘칠 일, 喪 죽을 상

찰나의 시간을 아껴야 한다

척 벽 비 보   촌 음 시 경
尺璧非寶요 寸陰是競이니라.

한 자나 되는 푸른 구슬이라도 보배가 아니요, 촌음의 짧은 시간을 소
중히 아껴 쓸지니라.

● 구슬은 한 치만 되어도 보물이라고 귀하게 여긴다. 그러나 이것이 보물이
　아니다. 한 치밖에 안 되는 시간, 곧 찰나라고 할 수 있는 시간을 아껴 보배
　처럼 생각하라는 것이다.

▶ 尺 자 척, 璧 둥근 옥 벽, 寶 보배 보, 陰 응달 음, 競 겨룰(다툴) 경

아무리 좋은 일이라도 누구나 다 즐겁게 할 수는 없다

양 갱   수 미   중 구   난 조
羊羹이 雖美나 衆口를 難調니라.

양고기 국물이 비록 맛난 것이나 뭇사람의 입맛에 고루 맞출 수는 어려우니라.

● 아무리 좋은 일이라도 뭇사람을 다 즐겁게 할 수는 없다는 비유이다. 따라서 누구나 다 좋아하는 말을 들으려 하면 정직과는 거리가 멀 수도 있다는 뜻이 숨어 있다.

▸ 羊 양 양, 羹 국 갱, 雖 비록 수, 衆 무리 중, 難 어려울 난, 調 고를 조

명철한 지혜로 의로움을 지켜가야 한다

익 지 서　　　운　백 옥　　투 어 니 도　　불 능 오 예 기 색
益智書에　云, 白玉은　投於泥塗라도　不能汚穢其色이요

군 자　　행 어 탁 지　　불 능 염 란 기 심
君子는　行於濁地라도　不能染亂其心하나니

고　　　송 백　　가 이 내 설 상　　명 지　　가 이 섭 위 난
故로　松栢은　可以耐雪霜이요　明智는　可以涉危難이니라.

「익지서」에 이르기를, 흰 구슬(玉)은 진흙 속에 던져도 그 빛이 더럽혀
지지 않고, 군자는 혼탁(混濁)한 곳에 가더라도 그 마음을 어지럽히지
않는다. 그러므로 소나무와 잣나무는 서리와 눈을 견디어 내고, 명철하
고 지혜 있는 이는 어려움(危難)을 잘 건너가느니라.

● 여름의 비바람이 아무리 거세어도 나무는 견디어내지만 겨울의 눈보라는
　견디지 못한다. 보통사람은 평탄한 세상에는 뜻을 세우기가 쉽지만 혼탁한
　세상에는 뜻을 지키기가 어려운 것이다. 그래서 명철한 지혜로 의로움을
　지켜가는 선비가 더욱 귀중한 것이다.

▶ 益 더할 익, 智 슬기 지, 投 던질 투, 泥 진흙 니, 塗 진흙 도, 汚 더러울 오, 穢 더
　러울 예, 濁 흐릴 탁, 染 물들일 염, 栢 측백나무 백, 耐 견딜 내, 霜 서리 상, 涉 건
　널 섭, 危 위태할 위

입을 열어 말하려면 신중을 기해야 한다

입 산 금 호　　이
入山擒虎는 易하나

개 구 고 인　　난
開口告人은 難이니라.

산에 들어가 호랑이를 사로잡기는 쉬우나 입을 열어 남에게 말하기는
어려우니라.

● 여기에서 말하기란 어떤 말인가? 여러 가지가 있을 수 있다. 어려운 부탁의
  말을 건넨다거나 남의 잘못됨을 충고하는 말이거나 왜곡된 이야기를 바로
  펴서 오해를 풀게 하는 것일 수 있다. 이러한 말은 호랑이 잡기보다도 더 어
  려움을 말함이다.

▸ 擒 사로잡을 금, 虎 범 호, 易 쉬울 이, 開 열 개, 告 알릴 고, 難 어려울 난

먼 곳의 친척은 가까운 이웃만 못하다

원 수　　　불 구 근 화
遠水는 不救近火요

원 친　　　불 여 근 린
遠親은 不如近隣이니라.

먼 곳에 있는 물은 가까이 있는 불을 끌 수 없고, 먼 곳의 친척은 가까운 이웃만 못하니라.

● 물이 불을 끌 수 있는 것이지만 먼 곳에 있는 물은 가까이 있는 불을 끄지 못하듯이 친척이 다정한 것이지만, 먼 곳에 있는 친척은 조석으로 대하는 이웃만큼 다정하지 못할 수도 있다. 그래서 '이웃사촌'이란 말이 있다. 이웃의 소중함을 일깨우는 말이다.

▶ 遠 멀 원, 水 물 수, 救 구원할(도울) 구, 近 가까울 근, 知 알 지, 隣 이웃 린

항상 조심하면 재앙이 이를 수 없다

태공   왈 일 월   수 명   부조복분지하
太公이 曰, 日月이 雖明이나 不照覆盆之下하고

도 인   수 쾌   불 참 무 죄 지 인
刀刃이 雖快나 不斬無罪之人하고

비 재 횡 화   불 입 신 가 지 문
非災橫禍는 不入愼家之門이니라.

태공이 말하였다,

해와 달이 비록 밝으나 엎어놓은 물 항아리 밑바닥까지는 비추지 못하고, 칼날이 비록 날카로우나 죄 없는 사람의 목을 베지 못하고, 나쁜 재앙과 빗나간 횡화(橫禍, 횡액)는 행동을 삼가고 신중한 사람의 집 문안에는 들어가지 못하느니라.

● 자신의 행위를 항상 조심하면 재앙이 이를 수 없다는 것을 강조한 글이다.

▶ 雖 비록 수, 明 밝을 명, 覆 뒤집힐 복, 盆 동이 분, 斬 벨 참, 橫 빗길 횡, 禍 재화 화, 愼 삼갈 신

배움이란 소유가 아닌 살아가는 방법이다

태공   왈   양 전 만 경   불 여 박 예 수 신
太公이 曰, 良田萬頃이 不如薄藝隨身이니라.

태공이 말하였다.
기름진 밭, 일만 이랑이 있어도 보잘 것 없는 재주나마 몸에 지니고 있
는 것만 못하니라.

● 배움이란 살아가는 자료를 소유하는 것이 아니라 살아가는 방법을 배우는
  것이다. 훌륭한 아버지는 우물에서 아들에게 물을 떠주는 것이 아니라 물
  을 뜨는 방법을 가르쳐주는 것이다.

▶ 良 좋을 양, 萬 일만 만, 頃 넓이 단위 경, 薄 엷을 박, 藝 기예 예, 隨 따를 수, 身
  몸 신

자신을 돌이켜 생각해보아야 한다

성리서　　운　접물지요　　기소불욕　　물시어인
性理書에 云, 接物之要는 己所不欲을 勿施於人하고

행유부득　　　반구제기
行有不得이어든 反求諸己니라.

「성리서(性理書)」에 이르기를, 다른 사람을 대하는 요체(要諦)가 있다. 자기가 하고 싶지 않은 일을 남에게 베풀지 말아야 한다. 자기가 행하고도 성과가 없거든 그 잘못된 원인을 자기 자신에게 돌이켜 생각해보아야 하느니라.

● 여기에서 『성리서』라 함은 유가의 경전에 있다는 말이다. 이 말은 『논어』에서 인용한 것이니 공자의 말이다.

▸ 性 성품 성, 理 이치 이, 云 이를 운, 接 사귈 접, 要 요점 요, 欲 원할 원, 施 베풀 시, 反 돌이킬 반, 諸 모든 제

술과 여색, 재물과 혈기를 다스리면 곧 신선이다

주 색 재 기 사 도 장   다 소 현 우 재 내 상
酒色財氣四堵墻에 多少賢愚在內廂이라

약 유 세 인   도 득 출   변 시 신 선 불 사 방
若有世人이 跳得出이면 便是神仙不死方이니라.

술과 여색과 재물과 혈기, 이 네 가지로 쌓은 담 안에 수많은 어진 이와
어리석은 이가 그 방안에 함께 있느니라.
만약 세상사람 중에 이것에서 뛰쳐나오는 이가 있다면 그것은 곧 신선
이 되어 죽지 않는 방책이니라.

● 주색이나 재기가 사람의 본성을 방탕하게 한다. 이 네 가지에 자유로울 수
  있다면 신선이 따로 있는 것이 아니라 그가 바로 신선인 것이다.

▶ 酒 술 주, 色 여색 색, 財 재물 재, 氣 혈기 기, 堵 담 도, 墻 담 장, 愚 어리석을 우,
  廂 행랑 상, 跳 뛸 도, 便 곧 변(편할 편). 神 귀신 신, 仙 신선 선

立教篇

입교편

삼강오륜과 수신제가치국을 위한 가르침

자신을 정립함에 있어 바른 도리

자 왈　입 신 유 의　　이 효 위 본　　상 사 유 례　　이 애 위 본
子曰, 立身有義하니 而孝爲本이요 喪祀有禮하니 而哀爲本이요

전 진 유 열　　이 용 위 본　　치 정 유 리　　이 농 위 본
戰陣有列하니 而勇爲本이요 治政有理하니 而農爲本이요

거 국 유 도　　이 사 위 본　　생 재 유 시　　이 역 위 본
居國有道하니 而嗣爲本이요 生財有時하니 而力爲本이니라.

공자께서 말씀하셨다.

자신을 정립함에 바른 도리(義)가 있으니 효도(孝道)가 그 근본이요, 상사(喪祀)에 지킬 예의(禮)가 있으니 슬퍼함이 그 근본이요, 싸움터 진지에는 대열(隊列)이 있으니 용맹이 그 근본이요, 나라를 다스리는 데 이치(理致)가 있으니 농사(생업)가 그 근본이요, 나라를 지키는 데 방도(方道)가 있으니 후사(後嗣)가 그 근본이요, 재물을 생산함에 시기가 있으니 힘써 노력함이 그 근본이니라.

● 이 글은 한 구절 안에 대칭이 되어 있으니 그 구성에 유의해야 한다. 한 구절의 앞부분은 원리를 말했고 뒷부분은 그러한 원리에서도 근원적 핵심이 무엇인가를 말한 것이다.

▶ 立 이룰 립, 身 나 신, 義 옳을 의, 本 근본 본, 喪 초상 상, 祀 제사 사, 禮 예도 례, 哀 슬플 애, 戰 싸울 전, 陣 진칠 진, 列 벌릴 렬, 勇 용맹 용, 嗣 이을 사

집안을 일으키는 바른 방법은 검소함과 부지런함이다

경 행 록　　운　위 정 지 요　　왈 공 여 청
景行錄에 云, 爲政之要는 曰公與淸이요

성 가 지 도　　왈 검 여 근
成家之道는 曰儉與勤이니라.

「경행록」에 이르기를, 정치(政事)를 행하는 요점은 공정함과 청렴함이
요, 집안을 일으키는 바른 방법은 검소함과 부지런함이니라.

● 정치에 있어 공정함과 청렴함이 무엇보다도 중요함은 시대를 초월한 진리
　이다. 그래서 국가에서도 청백리(淸白吏)에 대한 포상을 제일 귀중한 나랏
　일로 여기고 있다.

▶ 政 정사 정, 要 요점 요, 公 공변될 공, 與 더불어(함께) 여, 儉 검소할 검, 勤 부지
　런할 근

立教篇 3

화목함은 집안을 잘 다스리는 근본이다

독 서   기 가 지 본   순 리   보 가 지 본
讀書는 起家之本이요, 循理는 保家之本이요

근 검   치 가 지 본   화 순   제 가 지 본
勤儉은 治家之本이요 , 和順은 齊家之本이니라.

독서(讀書)는 집안을 일으키는 근본이요, 도리(道理)를 따름은 집안을
보존하는 근본이요, 부지런하고 절약하여 낭비하지 않는 것은 집안을
다스리는 근본이요, 화목함은 집안을 잘 다스리는 근본이니라.

● 책을 읽는다는 것은 모든 이치를 알고 자신을 정립하기 위한 것이니 집안
을 일으킴은 나로부터 시작함이다. 이치를 아는 것은 나의 본분을 아는 것
이니 한 가정이 성립되는 초석이 될 것이다. 가정도 혈연으로 맺어진 작은
사회이다. 나의 도리에 맞게 행한다면 가정은 잘 보존될 것이다. 의식주는
농경사회에서도 경제력을 기반으로 한다. 근검과 절약이 되어야 가정이 탄
탄할 수 있다. 집안의 화목은 행복의 궁극이다.

▶ 讀 읽을 독, 書 글 서, 起 일어날 기, 循 좇을 순, 勤 부지런할 근, 儉 검소할 검, 齊
가지런할 제

새벽에 일어나지 않으면 그날의 할 일이 없다

공자삼계도   운   일생지계   재어유
孔子三計圖에 云, 一生之計는 在於幼하고

　일년지계   재어춘   일일지계   재어인
一年之計는 在於春하고 一日之計는 在於寅이니

유이불학   노무소지   춘약불경   추무소망
幼而不學이면 老無所知요 春若不耕이면 秋無所望이요

인약불기   일무소판
寅若不起면 日無所辦이니라.

공자께서 「삼계도」에 이르기를, 일생의 계획은 어릴 때에 하고, 일 년
의 계획은 봄에 하고, 하루의 계획은 새벽에 하나니, 어려서 배우지 않
으면 늙어서 아는 것이 없고, 봄에 밭을 갈지 않으면 가을에 바랄 것이
없으며, 새벽에 일어나지 않으면 그날의 할 일이 없느니라.

● 삼계도(三計圖)라 함은 일생, 일 년, 하루의 계획을 말한 것이다. 곧 첫 출발
　의 계획이 완전해야 기대되는 결과가 있다는 말이다.

▶ 計 꾀 계, 圖 도모할 도, 幼 어릴 유, 春 봄 춘, 寅 셋째 지지 인, 所 바 소, 若 만약
　약, 耕 밭갈 경, 秋 가을 추, 望 바랄 망, 起 일어날 기, 辦 힘쓸 판.

다섯 가지 가르침

성리서 운 오교지목 부자유친 군신유의
性理書에 云, 五教之目은 父子有親하며 君臣有義하며

부부유별 장유유서 붕우유신
夫婦有別하며 長幼有序하며 朋友有信이니라.

「성리서」에 이르기를, 다섯 가지 가르침의 조목은 첫째, 어버이와 자식 사이에는 친함이 있어야 하며, 둘째, 임금과 신하 사이에는 의리가 있어야 하며, 셋째, 남편과 아내 사이에는 분별이 있어야 하며, 넷째, 어른과 어린이 사이에는 차례가 있어야 하며, 다섯째, 벗 사이에는 돈독한 믿음(신의)이 있어야 하는 것이니라.

● 여기서 성리서라 함은 「書經」을 말하고, 다섯 가지 가르침은 오륜(五倫)을 일컫는다. 윤(倫)이란 '차례'라는 뜻이다. 다시 말하면 '질서'라는 것이다. 질서에는 자연질서와 인위질서가 있는데 자연질서는 예(禮)이고 인위질서는 법(法)이다.

▶ 性 본성 성, 理 이치 이, 教 가르칠 교, 親 친할 친, 義 옳을 의, 婦 아내 부, 別 분별할 별, 序 차례 서, 朋 벗 붕, 信 믿을 신

세 가지 강령

삼 강　　군 위 신 강
三綱은 君爲臣綱이요

부 위 자 강　　　부 위 부 강
父爲子綱이요 夫爲婦綱이니라.

세 가지 강령(綱)이란 국가는(君, 임금, 상관) 국민(臣, 신하, 직원)의 근본 (중심축)이 되고, 아버지는 자식의 근본이 되고, 남편은 아내의 근본이 되는 것이니라.

● 강(綱)이란 인간관계를 그물에 견주어 그물을 펴는 중심 벼릿줄로 비유한 것이다. 그물의 생명은 그물눈, 그물코이다. 그물의 눈이 아무리 많아도 양 끝의 벼릿줄이 긴장되지 않으면 그물이 펴지지 않아 그물의 역할을 하지 못한다.

▶ 綱 벼리 강, 君 임금 군, 爲 할(되다) 위, 臣 신하 신, 父 아비 부, 子 자녀 자

충신은 두 임금을 섬기지 않는다

왕　　왈　충신　　불 사 이 군
王이 曰, 忠臣은 不事二君이요

열 녀　　불 경 이 부
烈女는 不更二夫니라.

왕촉이 말하였다.
충성된 신하는 두 임금을 섬기지 않고, 열녀는 두 지아비를 섬기지 않
느니라.

● 여기서 말하는 두 임금은 성이 다른 두 왕조를 말한다. 전 왕조를 섬기던 신
하가 그 왕조가 망하면 다음 왕조에는 벼슬을 안 한다는 말이다. 두 남편이
란 전 남편이 죽고 다시 개가함을 뜻하는 것이다.

◆ 왕촉(王蠋) : 전국시대(戰國時代) 제(齊)나라 장군이었다. 연(燕)나라 장군 악의(岳
毅)가 이끄는 군대가 제나라에 쳐들어와 함락되어 항복하라는 권고를 받았으나
단호히 거절하고 스스로 목숨을 끊었다.

▶ 忠 충성 충, 臣 신하 신, 事 섬길 사, 烈 세찰 렬, 更 바꿀 경, 다시 갱, 夫 지아비 부

일은 공평해야 한다

충 자 왈　　치 관　　　막 약 평
忠子曰, 治官엔 莫若平이요

임 재　　　막 약 렴
臨財엔 莫若廉이니라.

충자가 말하였다.
관청의 일을 처리함에 있어서는 공평만한 것이 없고, 재물 앞에서는
청렴만한 것이 없느니라.

● 공평이란 말은 공사의 평형이란 말이다. 관리로서의 신조는 공평으로써 모
　든 일을 바르게 하는 것이요. 이것을 벗어나면 불신이 뒤따라 아무리 잘하
　려 해도 믿어주지 않는다.

◆ 충자(忠子) : 한(漢)나라 사람 충담(忠譚)일 것으로 일컬어지나 정확하지 않다.

▶ 治 다스릴 치, 官 벼슬아치 관, 莫 말 막, 若 같을 약, 臨 임할 림, 財 재물 재, 廉
　청렴할 렴

장사숙의 열네 가지 좌우명

장사숙좌우명 왈 범어 필충신 범행 필독경
張思叔座右銘에 曰, 凡語를 必忠信하며 凡行을 必篤敬하며

음식 필신절 자 필해정 용모 필단장
飮食을 必愼節하며 字를 必楷正하며 容貌를 必端莊하며

의관 필숙정 보리 필안상 거처 필정정
衣冠을 必肅整하며 步履를 必安詳하며 居處를 必正靜하며

작사 필모시 출언 필고행 상덕 필고지
作事를 必謀始하며 出言을 必顧行하며 常德을 必固持하며

연낙 필중응 견선여기출 견악여기병
然諾을 必重應하며 見善如己出하며 見惡如己病하라.

범차십사자 개아미심성 서차당좌우
凡此十四者는 皆我未深省이라, 書此當座右하여

조석시위경
朝夕視爲警하노라.

장사숙의 「좌우명(座右銘)」에 이르기를, 무릇 말이란 반드시 곧고 믿음 있게 하며, 무릇 행실은 반드시 돈독히 하고 공경히 하며, 음식은 반드시 삼가고 알맞게 하며, 글씨는 반드시 반듯하고 바르게 쓰며, 용모는 반드시 단정하고 엄숙하게 하며, 의관은 반드시 깨끗하고 가지런히 하며, 걸음걸이는 반드시 편안하고 차분하게 하며, 거처하는 곳은 반드시 바르고 정숙하게 하며, 일하는 것은 반드시 계획을 세워서 시작하며, 말을 할 때는 반드시 그 행한 바를 돌아볼 것이며, 일상의 덕(德)은 반

드시 굳게 지키며, 일을 허락할 때는 반드시 신중히 응하며, 선(善)한 행위 보기를 마치 내게서 나온 것같이 여기며, 남의 잘못을[악(惡)을] 보거든 마치 자신의 병처럼 여겨라.

무릇 이 열네 가지는 모두 내가 깊이 살피지 못한 것이다. 이 내용을 써서 자리 오른편에 붙이고 아침저녁으로 보고 경계로 삼아라.

장사숙(張思叔) : 북송(北宋) 때 유학자로 정이천(程伊川)의 수제자였으며 성리학(性理學)에 뛰어났다. 이름은 역(繹), 자는 사숙(思叔)이다.

▶ 張 성씨 장, 思 생각 사, 叔 아재비 숙, 篤 도타울 독, 愼 삼갈 신, 楷 곧을 해, 貌 얼굴 모, 肅 엄숙할 숙, 履 밟을 리, 詳 자세할 상, 靜 고요할 정, 謀 꾀할 모, 始 비로소 시, 顧 돌아볼 고, 固 굳을 고, 諾 대답할 낙, 應 응할 응, 深 깊을 심, 省 살필 성, 當 마땅 당, 座 자리 좌, 視 볼 시, 警 경계할 경

범익겸의 좌우명

범익겸좌우명 왈 일불언조정이해변보차제
范益謙座右銘에 曰, 一不言朝廷利害邊報差除요

이불언주현관원장단득실 삼불언중인소작과악지사
二不言州縣官員長短得失이요 三不言衆人所作過惡之事요

사불언사진관직추시부세 오불언재리다소염빈구부
四不言仕進官職趨時附勢요 五不言財利多少厭貧求富요

육불언음희만평론여색 칠부언구멱인물간색주식
六不言淫戱慢評論女色이요 七不言求覓人物干索酒食이니라.

우인부서신 불가개탁침체 여인병좌 불가규인사서
又人附書信을 不可開坼沈滯요 與人竝坐에 不可窺人私書요

범입인가 불가간인문자 범차인물 불가손괴불환
凡入人家에 不可看人文字요 凡借人物에 不可損壞不還이요

범끽음식 불가간택거취 여인동처 불가자택편리
凡喫飮食에 不可揀擇去取요 與人同處에 不可自擇便利요

범인부귀 불가탄선훼
凡人富貴를 不可歎羨毁라.

범차수사 유범지자 족이견용심지부정
凡此數事에 有犯之者면 足以見用心之不正이니

어존심수신 대유소해 인서이자경
於存心修身에 大有所害라 因書以自警하노라.

범익겸(范益謙)의「좌우명(座右銘)」에 이르기를,

첫째는 정부(조정)의 이해(이롭고 해로운 일)와 변방의 보고와 누가 벼슬에 임명된 일 등을 말하지 말 것이요,

둘째는 지방 공무원들의 장·단점과 득실(得失)을 말하지 말 것이요,

셋째는 여러 사람들이 저지른 잘못과 나쁜 일을 말하지 말 것이요,

넷째는 누가 관직에 임명되었다거나 누가 세력에 아부해서 출세한다는 일들에 대하여 말하지 말 것이요,

다섯째는 재산이 많고 적은 것이나 가난함이 싫다거나 부자를 바란다거나 하는 말을 하지 말 것이요,

여섯째는 음탕하고 잡스러운 말이나 여색에 대한 평가를 하지 말 것이요,

일곱째는 남에게 물건을 요구하거나 술이나 음식을 억지로 달라고 말하지 말 것이다.

또 남이 편지를 부탁하거든 이것을 뜯어보거나 묵혀 두지 말며, 남의 곁에 같이 앉았을 때에는 남의 사사로운 편지를 엿보지 말 것이요, 무릇 남의 집에 가서 남의 문자를 훑어보지 말고, 남의 물건을 빌렸거든 이것을 훼손하거나 묵혀두지 말 것이요, 무릇 음식을 먹을 적에는 가려서 먹거나 버리거나 취하지 말고, 남과 같이 있으면서 자기만 편한 것을 가려서 취하지 말고, 무릇 남의 부귀한 것을 봄에 감탄하고 부러워하거나 헐뜯지 말라.

무릇 이러한 몇 가지 일을 범하는 경우가 있다면 그 마음 쓰는 것이 바르지 못함을 볼 수 있으니, 바른 마음을 보존하고 몸을 닦는 데 크게 해로움이 있는지라, 이로 인하여 이 글을 써서 옆에 두고 스스로 경계로 삼노라.

◆ 범익겸(范益謙) : 남송(南宋) 때 성리학자로 이름은 충(冲)이다.

▶ 范 풀이름 범, 益 더할 익, 謙 겸손할 겸, 廷 조정 정, 邊 가 변, 縣 고을 현, 趨 달릴 추, 附 붙을 부, 勢 기세 세, 厭 싫을 염, 淫 음란할 음, 媟 깔볼 설, 評 평할 평,

覓 찾을 멱, 索 찾을 색, 坼 터질 탁, 滯 막힐 체, 幷 어우를 병, 窺 엿볼 규, 喫 마실 끽, 揀 가릴 간, 擇 가릴 택, 取 취할 취, 羨 부러워할 선, 詆 꾸짖을 저, 毁 헐(험담할) 훼, 凡 무릇 범, 犯 범할 범, 修 닦을 수, 因 인할 인, 警 경계할 경

가난하고 부자로 사는 까닭

무 왕　　문 태공 왈　인 거 세상　　하 득 귀 천 빈 부 부 등
武王이 問太公曰, 人居世上에 何得貴賤貧富不等고

원 문 설 지　　욕 지 시 의
願聞說之하여 欲知是矣로이다.

태 공　왈 부 귀　여 성 인 지 덕　　개 유 천 명
太公이 曰, 富貴는 如聖人之德하여 皆由天命이어니와

부 자　용 지 유 절　　불 부 자　가 유 십 도
富者는 用之有節하고 不富者는 家有十盜니이다.

무왕(武王)이 태공에게 물어 말하였다.

"사람이 세상을 살아가는데 어찌하여 귀하고 천한 것과 가난하고 부자로 사는 것이 공평하지 않은지요? 이에 대한 말씀을 듣고자 합니다. 그 까닭을 알고 싶습니다."

태공(太公)이 대답하였다.

"부하고 귀한 것은 성인(聖人)의 덕(德)과 같아서 모두 하늘이 준 운명에 의한 것이긴 하지만, 부자로 사는 사람은 쓰는 것을 절도 있게 쓰고, 가난하게 사는 사람은 그 집에 열 가지 도둑[十盜]이 있기 때문이니라."

◆ 무왕(武王) : 주(周) 문왕(文王)의 아들로 성은 희(姬)씨이고 이름은 발(發)이다. 문왕(文王)의 유업(遺業)을 계승하여 은(殷)나라의 폭군(暴君) 주왕(紂王)을 멸하고 주(周)나라를 세웠다. 강태공(姜太公) 여상을 태사(太師)로 삼았다.

▶ 武 굳셀 무, 居 살 거, 貴 귀할 귀, 賤 천할 천, 貧 가난할 빈, 等 가지런할 등, 願 원할 원, 說 말씀 설, 聖 성인 성, 德 덕 덕, 皆 다 개, 命 명할 명, 節 마디 절, 盜 훔칠 도

열 가지 도둑

무왕　왈　하위십도
武王이 曰, 何謂十盜이오

태공　왈　시숙불수위일도
太公이 曰, 時熟不收爲一盜요

수적불료　위이도　　무사연등침수　위삼도
收積不了 爲二盜요 無事燃燈寢睡 爲三盜요

라불경　위사도　불시공력　위오도
懶不耕이 爲四盜요 不施功力이 爲五盜요

전행교해　위육도　양녀태다　위칠도
專行巧害 爲六盜요 養女太多 爲七盜요

주면라기　위팔도　탐주기욕　위구도
晝眠懶起 爲八盜요 貪酒嗜慾이 爲九盜요

강행질투　위십도
强行嫉妬 爲十盜니이다.

무왕(武王)이 다시 물었다.

"무엇을 일러 열 가지 도둑이라고 말합니까?"

태공(太公)이 대답하였다.

"곡식을 거두어들여야 할 때 거두어들이지 않는 것이 첫째의 도둑이요, 다음은 곡식 거두기를 시작했더라도 이것을 창고에 들여다가 쌓는 것을 마치지 않는 것이 둘째의 도둑이요, 특별한 일이 없는데 등불을 켜놓고 잠자는 것이 셋째의 도둑이요, 게을러서 농사를 짓지 않고 놀

기만 하는 것이 넷째의 도둑이요, 아무런 공력(功力)을 들이지 않고 남에게 베풀지 않는 것이 다섯째의 도둑이요, 오로지 교활하고 남에게 해가 되는 일만 골라서 행하는 것이 여섯째의 도둑이요, 많은 여자들을 부양하는 것이 일곱째의 도둑이요, 낮잠 자고 게을러서 아침 늦게 일어나는 것이 여덟째의 도둑이요, 술 마시는 것을 탐하며 욕심을 부리는 것이 아홉째의 도둑이요, 지나치게 남을 시기 질투하는 것이 열 번째의 도둑입니다."

▶ 時 때 시, 熟 익을 숙, 收 거둘 수, 了 마칠 료, 燃 사를 연, 燈 등잔 등, 寢 잠잘 침, 睡 잘 수, 慵 게으를 용, 懶 게으를 라, 嗜 즐길 기, 嫉 시기할 질, 妒 강새암할 투

재물을 손실시키는 세 가지

무 왕　　왈　가무십도이불부자　　하 여
武王이 曰, 家無十盜而不富者는 何如이오.

태 공　　왈　인 가　　필유삼모
太公이 曰, 人家에 必有三耗니이다.

무 왕　　왈　하 명 삼 모
武王이 曰, 何名三耗이오.

태 공　　왈　창고누람불개　　서 작 난 식　　위 일 모
太公이 曰, 倉庫漏濫不蓋하여 鼠雀亂食이 爲一耗요

수 종 실 시　위 이 모　　포 살 미 곡 예 천　　위 삼 모
收種失時 爲二耗요 抛撒米穀穢賤이 爲三耗니이다.

무왕(武王)이 또 물었다.

"그렇다면 집에 이와 같은 열 가지 도둑이 없는데도 부자가 되지 못하는 이유는 어째서입니까?"

태공이 대답하였다.

"그것은 그 집에 반드시 재물을 손실시키는 세 가지가 있습니다."

무왕이 물었다.

"세 가지 손실시키는 것이란 무엇을 말하는 것입니까?"

태공이 대답하였다.

"창고에 비가 새는데도 지붕을 덮지 않아서 쥐나 새들이 마냥 까먹도록 내버려두는 것이 첫 번째의 손실인 것이요, 거두고 씨 뿌리는데 때를 놓지는 것이 두 번째의 손실인 것이요, 곡식을 땅에 흩뜨려 더럽고

천한 물건처럼 취급하는 것이 세 번째의 손실입니다."

● 누람(漏濫): 물이 새어 넘치는 것. 쥐구멍이 뚫린 것.

 불개(不蓋): 덮지 않는 것.

 수종(收種): 거두고 씨 뿌리는 것.

 실시(失時): 때를 놓치는 것.

▶ 耗 줄(손실) 모, 漏 샐 루, 濫 퍼질 람, 蓋 덮을 개, 鼠 쥐 서, 雀 참새 작, 亂 어지러

 울 난, 食 먹을 식, 抛 던질 포, 撒 뿌릴 살, 米 쌀 미, 穀 곡식 곡, 穢 더러울 예. 賤

 천할 천

열 가지 그릇된 것

무 왕   왈   가 무 삼 모 이 불 부 자   하 여
武王이 曰, 家無三耗而不富者는 何如이오.

태 공   왈   인 가   필 유 일 착   이 오   삼 치   사 실   오 역   육 불 상
太公이 曰, 人家에 必有一錯, 二誤, 三癡, 四失, 五逆, 六不祥,

칠 노   팔 천   구 우   십 강   자 초 기 화   비 천 강 앙
七奴, 八賤, 九愚, 十强하여 自招其禍요 非天降殃이니이다.

무왕(武王)이 물었다.

"집안에 세 가지의 손실을 행하지 않는데도 부자가 되지 못하는 까닭은 어째서입니까?"

태공이 대답하였다.

"그것은 집에 반드시 열 가지 나쁜 것이 있어서 그러한 것입니다. 첫째 일에 착오가 있는 것, 둘째 일을 그르친 것, 셋째 어리석은 것, 넷째 매사에 실수하는 것, 다섯째 인륜을 저버리는 처사, 여섯째 상서롭지 못한 일, 일곱째 노비(奴)처럼 행세를 하는 것, 여덟째 천한 일을 하는 것, 아홉째 어리석은 것, 열째 지나치게 강한(뻔뻔스러운) 것 등으로써, 이런 일들은 스스로 화를 부르는 것이요, 하늘이 주는 재앙은 아닙니다."

▶ 錯 그르칠(잘못) 착, 誤 그릇할 오, 癡 어리석을 치, 逆 거스를 역, 祥 상서로울
  상, 奴 종 노, 賤 천할 천, 愚 어리석을 우, 强 굳셀 강, 招 부를 초, 禍 재화 화, 降
  내릴 강, 殃 재앙 앙

열 가지 잘못

무왕　왈　원실문지
武王이 曰, 願悉聞之하노이다.

태공　왈　양남불교훈　위일착　해불훈　위이오
太公이 曰, 養男不敎訓이 爲一錯이요 孩不訓이 爲二誤요

초영신부불행엄훈　위삼치　미어선소 위사실
初迎新婦不行嚴訓이 爲三癡요 未語先笑 爲四失이요

불양부모 위오역　야기적신　위육불상
不養父母 爲五逆이요 夜起赤身이 爲六不祥이요

호만타궁　위칠노　애기타마 위팔천
好挽他弓이 爲七奴요 愛騎他馬 爲八賤이요

끽타주권타인　위구우　끽타반명붕우 위십강
喫他酒勸他人이 爲九愚요 喫他飯命朋友 爲十强이니다.

무왕　왈　심미성재　시언야
武王이 曰, 甚美誠哉라 是言也여.

무왕(武王)이 말하였다.

"그 자세한 내용을 모두 듣고자 합니다."

태공(太公)이 말하였다.

"사내아이를 기르는데 훈육을 하지 않고 기르는 것이 그 첫 번째의 잘못이요, 어린 아이를 꾸짖지 않는 것이 두 번째로 일을 그르친 것이요, 처음 아내를 맞이하여 엄하게 가르치지 않는 것이 세 번째의 어리석은 것이요, 남이 말하기 전에 먼저 웃는 것이 네 번째의 실수요, 제 부모를 공양하지 않는 것이 다섯 번째의 잘못됨이요, 야밤에 알몸으로 일어나

밖에 나가는 것이 여섯 번째 상서롭지 못한 것이요, 남의 활을 가지고 자기가 쓰기를 좋아하는 것이 일곱 번째 천하게 행동함이요, 남의 말(馬)을 빌어다가 타기를 좋아함이 여덟 번째 천한 짓이요, 남의 술을 얻어 마시면서 그 술을 다른 사람에게 권하는 것이 아홉 번째의 어리석은 짓이요, 남의 밥을 먹고 지내면서 벗을 불러 먹이는 것이 열 번째의 지나친 행동(뻔뻔함)인 것입니다."

무왕(武王)이 말하였다.

"매우 아름답고 진실하도다, 이 말씀이여!"

● 앞의 제11장에서 15장까지는 문왕(文王)의 아들 무왕(武王)과 강태공(姜太公)의 문답이다. 강태공은 위수(渭水)에서 곧은 낚시를 강에 담가놓고 밝은 세상을 기다리고 있었다. 그리고 무왕이라는 현군(賢君)을 만나 선정을 펼칠 수 있었다.

▶ 願 원할 원, 悉 다 실, 聞 들을 문, 訓 가르칠 훈, 錯 어긋날 착, 嬰 갓난아이 영, 孩 어린아이 해, 誤 그릇될 오, 嚴 엄할 엄, 赤 붉을 적, 挽 당길 만, 喫 마실 끽, 勸 권할 권, 愚 어리석을 우, 誠 정성 성.

治政篇

치정편

공직 사회에 대한 가르침

백성을 구제하는 기본자세

명 도 선 생 　 왈 　 일 명 지 사 　 구 유 존 심 어 애 물
明道先生이 曰, 一命之士가 苟有存心於愛物이면

어 인 　 필 유 소 제
於人에 必有所濟니라.

명도 선생이 말하였다.

처음으로 벼슬을 얻은 선비가 진실로 자기의 직책과 공사(公事)를 소중
히 여기는 마음을 간직한다면, 자기가 다스리는 사람들을 잘 제도할
수 있을 것이니라.

● 벼슬길에 나아간다는 것은 작든 크든 만민을 구제하기 위한 것이다. 백성
　 을 구제하는 기본자세는 백성을 사랑하는 것이다.

◆ 명도 선생(明道先生) : 북송(北宋)의 대유학자(大儒學者)로 동생 정이(程頤)와 함께
　 주돈이(周敦頤)의 문인(門人)이며 성리학(性理學)을 크게 발전시켰다. 이름은 호
　 (顥), 호는 명도(明道)이다. 우주(宇宙)의 이치와 사람의 본성이 본래 동일한 것이라
　 고 하였다. 도학(道學)에 밝다하여 사람들로부터 명도 선생(明道先生)으로 불렸다.

▶ 明 밝을 명, 道 법도 도, 命 명령 명, 士 선비 사, 苟 진실로 구, 存 있을 존, 愛 사
　 랑할 애, 物 무리 물, 濟 물 건널 제

관리들이 받는 봉급은 모두 백성들에게서 짜낸 기름이다

당 태 종 어 제　　　운　상 유 휘 지　　　중 유 승 지
唐太宗御製에 云, 上有麾之하고 中有乘之하고

하 유 부 지　　　폐 백 의 지　　　창 식 지　　　이 봉 이 록
下有附之하여 幣帛衣之요 倉食之하니 爾俸爾祿이

민 고 민 지　　　　하 민　　이 학　　　　상 창　　난 기
民膏民脂니라 下民은 易虐이어니와 上蒼은 難欺니라.

당(唐) 태종(太宗)의 「어제(御製)」에 이르기를, 위에는 일을 지휘하는 임금이 있고, 중간에는 그 지시를 받들어 다스리는 관리가 있으며, 그 아래에는 여기에 부합하는 백성이 있다. 관리들은 받은 보수로 비단 옷을 해 입고, 창고에 쌓인 곡식으로 밥을 해 먹는다. 헤아려보면, 관리들이 받는 봉급이 모두 백성들에게서 짜낸 기름이리라. 관리들이 아래 백성들을 학대하기는 쉬우나 위에서 내려다보는 푸른 하늘은 속이기 어려우니라.

◆ 당태종(唐太宗) : 당(唐)나라 제2대 임금으로 아버지 이연(李淵)을 도와서 외척이었던 수나라를 멸하고 당나라를 세운 이세민(李世民, 598~649)을 말한다. 천하를 평정하고 정치를 개혁하여 당이 세계적인 제국이 될 수 있는 초석을 닦았다. 당 태종의 정치에 관한 문답은 후에 『정관정요』(貞觀政要)로 편찬되었다.

▶ 唐 당나라 당, 御 임금님 어, 製 지을 제, 麾 대장기 휘, 乘 탈 승, 幣 비단 폐, 廩 곳집 름, 俸 녹 봉, 祿 복록 록, 膏 살찔 고, 脂 기름 지, 易 쉬울 이, 虐 사나울 학, 蒼 푸를 창, 欺 속일 기

관직을 맡아 지켜야 할 법도

동몽훈　왈　당관지법　유유삼사
童蒙訓에 曰, 當官之法이 唯有三事하니

왈 청 왈 신 왈 근　　지 차 삼 자　지 소 이 지 신 의
曰淸曰愼曰勤이라. 知此三者면 知所以持身矣니라.

「동몽훈」에 이르기를, 관직을 맡아 지켜야 할 법도는 오직 세 가지가
있으니, 청렴과 신중하고 근면함이다. 이 세 가지를 알면 몸을 간수하
는 방도를 안다고 할 것이다.

● 모든 것이 마음가짐의 문제이다. 관리로 임하면서 가져야 할 기본적 자세
　를 설명한 말이다.
◆ 동몽훈(童蒙訓) : 송(宋)나라 때 여본중(呂本中)이 미래에 관직에 나아갈 어린 아
　이들을 교육하기 위해 교훈이 될 만한 내용을 담아 지은 책이다.

▶ 童 아이 동, 蒙 어릴 몽, 訓 가르칠 훈, 當 마땅 당, 官 벼슬 관, 法 법도 법, 唯 오
　직 유, 愼 삼갈 신, 勤 부지런할 근, 以 써 이, 持 가질 지

관직에 나아가는 사람은 이성적으로 행동해야 한다

당 관 자　　필 이 폭 노 위 계　　　사 유 불 가　　　당 상 처 지
當官者는 必以暴怒爲戒하여 事有不可어든 當詳處之면

필 무 부 중　　　　약 선 폭 노　　지 능 자 해　　기 능 해 인
必無不中이어니와 若先暴怒면 只能自害라 豈能害人이리오.

관직을 맡은 사람은 반드시 순간의 분노를 경계하여야 한다. 일에 옳
지 않음이 있거든 마땅히 자상하게 살펴서 처리하면, 반드시 맞아들지
않음이 없을 것이거니와 만약 지나치게 먼저 화부터 낸다면 이것은 오
직 자신을 해롭게 할 뿐이라, 어찌 사람을 해롭게 하는 짓을 할 수 있으
리오.

● 관직에 나아가는 사람은 이성적으로 행동하라는 내용이다. 노여움이 일면
　자연 이성을 잃게 마련이다. 이성을 잃으면 사리판단이 흐려지니 올바른
　처신이 어렵다. 자상하게 잘 살피면 올바르게 해결 못 할 것이 없다. 관직에
　있는 사람은 백성을 이롭게 하는 것에 중점이 있음을 강조하고 있다.

▶ 當 맡을 당, 官 벼슬 관, 暴 사나울 폭, 怒 성낼 노, 詳 자세할 상, 處 처리할 처, 害
해로울 해, 豈 어찌 기

나라 일은 내 집안일과 같이 해야 한다

사 군   여 사 친   사 관 장   여 사 형
事君을 如事親하고 事官長을 如事兄하고

여 동 료   여 가 인   대 군 리   여 노 복
如同僚를 如家人하고 待群吏를 如奴僕하고

애 백 성   여 처 자   처 관 사   여 가 사 연 후
愛百姓을 如妻子하고 處官事를 如家事然後에야

능 진 오 지 심   여 유 호 말 부 지   개 오 심   유 소 미 진 야
能盡吾之心이니 如有毫末不至면 皆吾心에 有所未盡也니라.

임금 섬기기를 부모님 섬기듯이 하고, 위로 상사 받들기를 형님 모시
듯이 하고, 동료(同僚)들과 사귀기를 마치 가족끼리 지내듯이 하고, 여
러 아전들을 대하기를 마치 자기 집 종업원(奴僕) 대하듯이 하고, 백성
사랑하기를 처자(妻子)를 사랑하듯 하고, 공무 처리하기를 마치 자기
집 일 처리하듯 한 뒤에야 능히 내 마음을 다한 것이니, 만일 털끝만큼
이라도 지극하지 못함이 있으면 이것은 모두가 내 마음에 다하지 못한
바가 있는 것이니라.

● 이 글은 한마디로 말해서 국사(國事)를 내 집안일과 같이 성심껏 맡아 하라
　는 것이다.

▶ 事 섬길 사, 君 임금 군, 親 부모 친, 僚 동료 료, 群 무리 군, 僕 종 복, 盡 다할 진,
　毫 가는 털 호. 末 끝 말, 未 아닐 미, 盡 다할 진.

관청에 있어서의 상하관계의 화목

혹   문   부   좌령자야   부소욕위   영혹부종   내 하
或이 問, 簿는 佐令者也니 簿所欲爲를 令或不從이면 奈何이오

이천선생   왈 당이성의동지
伊川先生이 曰, 當以誠意動之니라

금 령 여 부 불 화   변 시 쟁 사 의   영   시 읍 지 장
今令與簿不和는 便是爭私意요 令은 是邑之長이니

약 능 이 사 부 형 지 도   사 지   과 즉 귀 기
若能以事父兄之道로 事之하여 過則歸己하고

선 즉 유 공 불 귀 어 령   적 차 성 의   기 유 부 동 득 인
善則唯恐不歸於令하여 積此誠意면 豈有不動得人이리오.

어떤 사람이 물었다.

"주부(簿)는 현령을 보좌하는 직책인데, 주부가 하고자 하는 바를 현령이 혹시 하지 않는다면 어찌합니까?"

이천 선생(伊川先生)이 대답하였다.

"마땅히 정성된 마음으로써 움직여야 할 것이니라. 지금 현령과 주부가 화목하지 않은 것은 곧 사사로운 생각으로 다투는 것이다. 현령은 고을의 장관이니, 만약 부형을 섬기는 도리로 섬겨서 허물이 있으면 자기에게로 돌리고, 잘한 일은 행여 현령에게로 돌아가지 않을까 두려워하고, 이렇게 정성스런 마음을 쌓는다면, 어찌 사람을 (서로를) 감동시켜 움직이지 못함이 있겠는가?"

● 관청에 있어서의 상하관계의 화목을 말한 것이다. 이 절은 '잘못된 일은 나

의 탓으로 돌리고 잘된 일은 위 사람에게 그 공을 돌린다.'면 함께 일하는데
반목함이 없을 것이고 공변되이 일을 잘 진행할 수 있음을 언급하였다.

◆ 이천 선생(伊川先生) : 북송(北宋)의 대유학자이다. 이름은 정이(程頤, 1033~1107)
로 명도 선생 정호(程顥)의 아우이며 주렴계의 뒤를 이어 성리학 초석을 닦았다.
이후 남송의 주희가 계승하여 성리학(性理學)을 집대성 할 수 있었다.

▶ 或 혹 혹, 問 물을 문, 簿 장부(주부) 부, 佐 도울 좌, 奈 어찌 내, 令 명령할 령, 便
문득 편, 爭 다툴 쟁, 私 사사로울 사, 恐 두려워 할 공, 積 쌓을 적, 誠 정성 성

백성을 대하는 바른 도리

유 안 례 문　임 민　　명 도 선 생　왈
劉安禮問 臨民한대 明道先生이 曰,

사 민　　각 득 수 기 정　　문 어 리　　왈 정 기 이 격 물
使民으로 各得輸其情이니라 問御吏한대 曰正己以格物이니라.

유안례가, 백성을 대하는 바른 도리를 묻자, 명도 선생이 말하였다.
"백성으로 하여금 각자의 뜻을 펴게 할지니라."
또 관리를 거느리는 도리를 묻자, "자신을 바르게 함으로써 남도 바르
게 할지니라." 하였다.

● 관리가 오로지 서민을 위한다고 생각하면 다스림은 바르게 된다. 내 몸을
　바르게 가지면 서민은 신뢰한다. 서민이 신뢰하면 다스리는 일(政事)은 손
　바닥 뒤집기(如反掌)처럼 쉽다.

◆ 유안례(劉安禮) : 북송(北宋) 때 사람으로 자가 원소(元素)이다. 이천 선생의 문인
　이다.

▶ 劉 성씨 유, 安 편안할 안, 禮 예도 예, 臨 임할 림, 使 부릴 사, 輸 나를 수, 情 뜻
　정, 御 어거할 어, 吏 벼슬아치 리, 格 바른 격, 物 다른 사람 물

충성된 신하의 도리

포 박 자　왈　영 부 월 이 정 간
抱朴子에 曰, 迎斧鉞而正諫하며

거 정 이 진 언　　차 위 충 신 야
據鼎而盡言이면 此謂忠臣也니라.

「포박자(抱朴子)」에 이르기를, 비록 형벌을 당하여 도끼로 죽는 한이 있
더라도 임금의 잘못을 바르게 간언(諫)할 것이며, 가마솥에 삶아 죽임
을 당한다고 하지라도 옳은 말을 다한다면 이는 충성된 신하라 할 것
이니라.

● 옛 동양사회에서 직언한 신하의 대명사처럼 칭송하는 이로 급암(汲黯)이라
는 분이 있다. 급암이 한나라 문제가 즉위하여 주작도위로 삼았으나 직언
으로 충간을 자주하여 벼슬에 오래 머무르지 못하였다.

◆ 포박자(抱朴子) : 동진(東晉) 사람으로 갈홍(葛洪)의 호(號)다. 신선술(神仙術)을 닦
았다. 그의 호를 따서 저서(著書)도 「포박자(抱朴子)」라 하였다. 책『포박자』(抱朴
子)는 내외(內外) 두 편으로 되어 있는데, 내편은 신선술을, 외편은 유교에 입각
하여 시정(時政)의 득실(得失)과 인사(人事)의 좋고 나쁨을 논하였다.

▶ 抱 안을 포, 朴 소박할 박, 迎 맞이할 영, 斧 도끼 부, 鉞 도끼 월, 鼎 솥 정, 鑊 가
마 확, 盡 다할 진, 此 이 차

治家篇

치가편

집안 다스리기와 가정 윤리

治家篇 1

반드시 집안 어른께 여쭈어 보고 행동해야 한다

사 마 온 공   왈   범 제 비 유   사 무 대 소
司馬溫公이 曰, 凡諸卑幼는 事無大小이

무 득 전 행   필 자 품 어 가 장
毋得專行하고 必咨稟於家長이니라.

사마온공이 말하였다.

무릇 모든 손아래 사람들은 일의 크고 작음을 가릴 것 없이 제 마음대로 행동하여서는 아니 되고, 반드시 집안 어른께 여쭈어 보아서 행동해야 하느니라.

● 사람살이는 경험을 쌓으면서 지혜가 늘고 지혜가 늘어 사리를 판단하는 힘이 생긴다. 그러므로 모든 일에 있어서 어른의 판단이 정확한 것이니 아랫사람들은 자기 뜻을 고집하여 독단적으로 처리하지 말고 집안 어른께 묻고 여쭈어야 한다.

▶ 諸 모두 제, 卑 낮을 비, 幼 어릴 유, 毋 말 무, 專 오로지 전, 咨 물을 자, 稟 줄 품

손님 접대는 융숭하게 하고 집안 살림은 검소하게 해야 한다

대 객   부 득 불 풍
待客에 不得不豐이요

치 가   부 득 불 검
治家엔 不得不儉이니라.

손님을 대접함에는 풍성하게 하지 않을 수 없고, 집안 살림을 다스림
에는 검소하게 하지 않을 수 없느니라.

● 손님 접대는 융숭하게 하고 집안 살림은 검소하게 하라는 뜻이다.

▸ 待 맞이할 대, 客 손님 객, 豐 풍성할 풍, 治 다스릴 치, 儉 검소할 검

治家篇 3

아내와 남편은 서로 공경하는 대상이다

태공 왈 치 인   외부
太公이 曰, 癡人은 畏婦하고

현 녀   경 부
賢女는 敬夫니라.

태공이 말하였다.
어리석은 사람은 아내를 두려워하고, 현숙한 여인은 남편을 공경하느
니라.

● 아내와 남편은 두려움의 대상이 아니라 서로 공경하는 대상이다.

▸ 癡 어리석을 치, 畏 두려워할 외, 婦 아내 부, 賢 어질 현, 敬 공경할 경

治家篇 4

아랫사람을 부리려거든 그들의 춥고 배고픔을 먼저 염려해야 한다

범 사 노 복
凡使奴僕에

선 념 기 한
先念飢寒이니라.

무릇 아랫사람을 부리려거든 그들의 춥고 배고픔을 먼저 염려할지니라.

● 남을 이해한다는 것은 그 처지에 서서 생각하는 것이다. 남의 아랫사람이 되었다는 것은 무엇 때문인가. 우선 기본적 삶을 영위하기 위해서일 것이다.

▶ 凡 무릇 범, 使 부릴 사, 奴 종 노, 僕 종 복, 先 먼저 선, 念 생각할 념, 飢 주릴 기, 寒 추울 한

집안이 화목하면 온갖 일이 모두 잘 이루어진다

자 효   쌍 친 락   가 화   만 사 성
子孝면 雙親樂이요 家和면 萬事成이니라.

자식이 효도하면 부모가 즐겁고, 집안이 화목하면 온갖 일이 모두 잘
이루어지느니라.

효가 온갖 행위의 기본이 된다는 것은 여러 차례 이야기한 바이니 다시 강조
할 필요가 없다. 곧 부모의 즐거움이요. 효란 궁극적으로 부모를 즐겁게 하자
는 것이다.

▶ 孝 효도 효, 雙 쌍 쌍, 親 친할 친, 樂 즐거울 락, 和 화목할 화

유비무환이다

시 시 방 화 발　　야 야 비 적 래
時時防火發하고 夜夜備賊來니라.

때때로 불이 날 여지를 막고, 밤마다 도적이 드는 것을 방비해야 하느
니라.

● 우리 속담에 '소 잃고 외양간 고친다.'고 하는 말이 있다. 불행이 닥쳐올 소
　지를 미리 예방하라는 뜻으로 이해하면 되겠다.

▸ 時時 때때로, 防 막을 방, 發 발생할 발, 夜夜 밤마다, 備 갖출 비, 賊 도둑 적

흥망성쇠는 부지런함과 게으름의 차이이다

경 행 록　　운　　관 조 석 지 조 안
景行錄에 云, 觀朝夕之早晏하여

가 이 복 인 가 지 흥 체
可以卜人家之興替니라.

「경행록」에 이르기를, 아침에 일어남과 저녁에 잠자는 것을 보면 그 사람의 집이 흥하고 쇠할 것을 점칠 수가 있느니라.

● 집의 흥성과 쇠진이 결국 부지런하고 게으름에 달려 있다는 것을 말하고 있다.

▶ 觀 볼 관, 朝 아침 조, 夕 저녁 석, 晏 늦을 안, 卜 점 복, 興 일 흥, 替 쇠퇴할 체

혼인에 재물을 논해서는 안 된다

문중자   왈   혼취이론재   이로지도야
文仲子이 曰, 婚娶而論財는 夷虜之道也니라.

문중자가 말하였다.

혼인하고 장가드는 데 재물을 논하는 것은 오랑캐의 풍속과 같이 천한 일이니라.

● 혼인은 한 가정을 이룸이요. 비로소 성인이 한 쌍으로 사회에 출발하는 첫 걸음이다. 그래서 혼인은 인류의 처음이라 하였다.

▸ 婚 혼인할 혼, 娶 장가들 취, 論 말할 논, 財 재물 재, 夷 오랑캐 이, 虜 오랑캐(사 로잡을) 로

安義篇

안의편

가정 · 삼친(三親)의 인애(仁愛)

일가친척은 모두 삼친(三親, 부부, 부자, 형제)에 바탕을 둔 것이다

안 씨 가 훈   왈   부 유 인 민 이 후   유 부 부
顔氏家訓에 曰, 夫有人民而後에 有夫婦하고

유 부 부 이 후   유 부 자   유 부 자 이 후   유 형 제
有夫婦而後에 有父子하고 有父子而後에 有兄弟하니

일 가 지 친   차 삼 자 이 이 의   자 자 이 왕   지 우 구 족
一家之親은 此三者而已矣라. 自玆以往으로 至于九族이

개 본 어 삼 친 언   고   어 인 륜   위 중 야   불 가 부 독
皆本於三親焉이라 故로 於人倫에 爲重也니 不可不篤이니라.

「안씨가훈」에 이르기를, 대저 사람이 있은 후에 부부가 있고, 부부가 있은 후에 부모와 자식이 있고, 부모와 자식이 있은 후에 형제가 있으니, 한 집안에서 가장 친함은 이 세 가지뿐이니라. 여기로부터 더 나아가 구족(九族)에 이르나니 일가친척이 모두 이 삼친(三親, 부부, 부자, 형제)에 바탕을 둔 것이다. 그러므로 삼친은 인륜에 있어서 가장 중요한 것이니, 서로 돈독히 하지 않으면 안 되느니라.

● 부부는 인륜의 처음이라 하였다. 부부가 있은 이후에 사람의 출생이 시작되는 것이다. 그것은 한 가정의 시작이다. 그래서 오륜의 질서 가운데 가장 중심에 두었던 것이다.

◆ 안씨가훈(顔氏家訓) : 남북조시대에 북제(北齊)의 안지추(顔之推)가 상·하 두 권으로 지은 책이다.

▶ 顔 얼굴 안, 訓 가르칠 훈, 民 백성 민, 自 부터 자, 玆 이 자, 族 겨레 족, 倫 인륜
  륜, 篤 도타울 독

형제는 수족과 같고 부부는 의복과 같다

장 자 왈　형 제　　위 수 족　　　부 부　　위 의 복
莊子曰, 兄弟는 爲手足하고 夫婦는 爲衣服이니

의 복 파 시　　갱 득 신　　　수 족 단 처　　난 가 속
衣服破時엔 更得新이어니와 手足斷處엔 難可續이니라.

장자가 말하였다.

형제는 수족(手足)과 같고 부부는 의복과 같으니, 의복이 낡았을 때에는 다시 새것으로 갈아입을 수도 있지만 수족이 끊어지면 잇기가 어려우니라.

● 형제와 부부의 관계를 비교하여 형제가 더 소중하다는 것이지, 부부의 관계를 옷을 바꾸어 입듯이 소홀하게 하라는 말이 아님에 유의해야 한다.

▶ 兄 맏형, 弟 아우 제, 夫 지아비 부, 婦 아내 부, 破 깨질 파, 更 다시 갱(바꿀 경), 斷 끊을 단, 處 장소 처, 續 이을 속

가난하다고 멀리해서는 안 된다

소동파운 부불친혜빈불소 차시인간대장부
蘇東坡云, 富不親兮貧不疎는 此是人間大丈夫요

부즉진혜빈즉퇴 차시인간진소배
富則進兮貧則退는 此是人間眞小輩니라.

소동파(蘇東坡)가 말하였다.

부유하다고 하여 친하려고 하지 말고, 가난하다고 하여 멀리(소원히)
하지 말아야 대장부다운 인간이요. 부유하면 찾아가고 가난하면 돌
아보지 않는 것은 그야말로 인간으로서 소인배(小人輩)다운 졸장부이
니라.

● 세상의 인정은 돈 있는 집으로 향한다는 말도 있다. 이는 경박한 세상을 나
  무라는 말들이다. 친구의 사귐은 물질로 이루어지는 것이 아니지만 때로는
  물질에 이끌리는 수가 많다. 이러한 태도는 바른 태도가 아니다.

▶ 富 부귀할 부, 兮 어조사 혜, 貧 가난할 빈, 眞 참 진, 輩 무리 배

遵禮篇

준례편

도리를 따르고 실천해야 한다

상하관계는 반드시 예의가 있어야 한다

자 왈   거 가 유 례 고   장 유 변   규 문 유 례 고   삼 족 화
子曰, 居家有禮故로 長幼辨하고 閨門有禮故로 三族和하고

조 정 유 례 고   관 작 서   전 렵 유 례 고   융 사 한
朝廷有禮故로 官爵序하고 田獵有禮故로 戎事閑하고

군 려 유 례 고   무 공 성
軍旅有禮故로 武功成이니라.

공자께서 말씀하셨다.

집안에 거처함에는 예의가 있으므로 어른과 아이가 분별되어지고, 안
방에 예의가 있으므로 삼족(三族)이 화합되어지고, 조정에 예의가 있으
므로 관작의 차례에 질서가 세워지고, 사냥에 예의가 있으므로 군사 훈
련이 숙달되어지고, 군대에 예의가 있으므로 무공이 이루어지느니라.

● 삼족(三族): 자기 집안과 모족, 처족을 합쳐서 하는 말.

▶ 禮 예도 예, 遵 좇을 준, 辨 분별할 변, 閨 안방 규, 爵 벼슬 작, 序 질서 서, 獵 사
  냥 렵, 戎 병기 융, 旅 군대 려

예의가 없으면 난리를 일으킨다

자 왈　군자유용　이무례　　위 란
子曰, 君子有勇 而無禮면 爲亂하고

소 인유용이무례　　위 도
小人有勇而無禮면 爲盜니라.

공자께서 말씀하셨다.
군자가 용맹함만 있고 예의가 없으면 난리를 일으키고, 소인이 용맹만
있고 예의가 없으면 도적질을 하느니라.

● 여기에서 군자란 지식계급이나 고급관리를 지칭하는 것으로 기득권자를
　말한다. 이런 기득권자가 용기만 있고 사회 질서를 생각하지 않으면 자신
　의 이익을 위하여 사회의 혼란을 야기하게 된다. 인간사회에서 예의 효용
　성을 알 수 있다.

▶ 君 주권자 군, 勇 날쎌 용, 禮 예도 예, 爲 할 위, 亂 어지러울 란, 盜 훔칠 도

맹자의 지극히 높은 세 가지

증자왈   조정   막여작   향당   막여치
曾子曰, 朝廷엔 莫如爵이요 鄕黨엔 莫如齒요

보세 장민   막여덕
輔世長民엔 莫如德이니라.

증자(曾子)가 말하였다.

조정에서는 지위만한 것이 없고, 마을에서는 나이(年齒)만한 것이 없고, 세상을 유익하게 돕고 백성을 잘 다스리는 데는 덕(德)만한 것이 없느니라.

● 맹자가 말하기를, '지극히 높은 것이 세 가지가 있다'하였는데, 이 세 가지 (爵·齒·德)를 들고 있다.

◆ 증자(曾子) : 증삼(曾參, B.C.506~B.C.436)을 높여 부른 호칭이다. 공자의 학문을 정통으로 계승하였으며 효도할 것을 역설하였다. 공자의 손자 자사(子思)에게 효경을 전수하였다. 안자(顔子)와 자사(子思) 및 맹자와 더불어 공문사성(孔門四聖)으로 일컬어진다.

▶ 曾 일찍 증, 廷 조정 정, 鄕 시골 향, 黨 무리 당, 齒 연치 치, 輔 도울 보, 德 어진 행위 덕

어른과 아이의 순차는 하늘이 나누어 놓은 질서이다

노 소 장 유　　천 분 질 서
老少長幼는 **天分秩序**이니

불 가 패 리　이 상 도 야
不可悖理 而傷道也니라.

노인과 젊은이, 어른과 아이의 순차는 하늘이 나누어 놓은 질서이니,
이 이치를 어겨 도덕을 상하게 해서는 안 되느니라.

● 세상살이는 시간의 연속이다. 이 시간의 흐름을 거스를 수는 없다. 어른과
아이는 이 시간 속에서 구분되는 질서이니 어질 수 없음이 당연하다. 오늘
의 시간이 어제의 시간을 따를 수 없고, 내일에 있어 오늘은 이미 따라잡을
수 없는 과거이다.

▶ 老 늙은이 노, 少 젊을 소, 長 어른 장, 幼 어린아이 유, 分 나눌 분, 秩 차례 질, 序
차례 서, 悖 어그러질 패, 傷 상할 상, 道 법도 도

서로 조심해야 한다

출 문　　여 견 대 빈
出門에 如見大賓하고

입 실　　여 유 인
入室에 如有人이니라.

외출해서 사람들을 만날 때는 큰 손님 대하듯이 하고, 집에 들어와서
는 제사가 있는 날처럼 엄숙해야 하느니라.

● 내가 남을 손님처럼 대하면 남도 나를 손님처럼 대할 것이니 서로 조심하
　는 가운데 예의는 저절로 지켜질 것이다.

▶ 出 나갈 출, 門 문간 문, 如 같을 여, 賓 손 빈, 室 집 실

남을 소중하게 여겨야 한다

약 요 인 중 아　　무 과 아 중 인
若要人重我면 無過我重人이니라.

만약 남이 나를 소중하게 여기기를 바란다면, 내가 남을 소중하게 여기는 것보다 더함이 없느니라.

▶ 若 만약 약, 要 구할 요, 重 무거울 중, 我 나 아, 過 지날 과

자식을 자랑하지 말고 부모를 탓해서는 안 된다

부 불 언 자 지 덕   자 부 담 부 지 과
父不言子之德하며 子不談父之過니라.

부모는 자식의 덕을 말하지 말며, 자식은 부모의 허물을 말하지 말지
니라.

● 제 자식 귀엽고 잘나 보이지 않는 사람은 없다. 그러나 남에게도 꼭 그렇게
  보이는 것은 아니다. 겸손이란 내가 나 스스로를 낮추는 것이요. 나의 주변
  사람의 일도 남에게는 낮추는 것이다. 내 자랑이 아니요, 자식의 자랑이라
  도 남에게는 교만으로 보인다.

▶ 父 아비 부, 言 말씀 언, 子 자녀 자, 德 덕 덕, 談 말할 담, 過 허물 과

言語篇

언어편

말을 신중히 해야 한다

이치에 맞지 않으면 말이라 할 수 없다

유 회   왈   언 부 중 리
劉會가 曰, 言不中理면

불 여 불 언
不如不言이니라.

유회가 말하였다.

말이 이치에 맞지 않으면 말을 하지 아니함만 같지 않느니라.

● 말은 뜻을 가지고 있다. 이치에 맞는다는 것은 뜻이 이어진다는 말이다. 그
러므로 이치에 맞지 않으면 말이라 할 수 없다. 뜻이 없는 말이 어디 있느냐
하겠지만 바른 뜻이 아니라면 뜻이 아니기 때문이다.

▶ 劉 성씨 유, 會 모일 회, 言 말씀 언, 中 맞을 중, 理 이치 리, 如 같을 여

이치에 맞지 않으면 천 마디의 말도 쓸 데가 없다

일 언 부 중
一言不中이면

천 어 무 용
千語無用이니라.

한 마디 말이라도 이치에 맞지 아니하면, 천 마디의 긴 말이라도 쓸 데가 없느니라.

● 말은 신중하게 내놓으라는 것이다. 말이 많고 중언부언하다 보면 실수를 하게 된다. 한 마디를 하더라도 이치에 맞고 도리에 맞는 말을 해야 한다. 언(言)은 대개 한 단어의 의미가 짙다. 한자에서는 언과 자(字)가 동일한 의미를 가질 때가 많다.

▸ 言 말(언어) 언, 語 말씀(말, 이야기) 어, 用 쓸 용

입과 혀는 재앙과 환란을 불러들이는 문이다

군평　왈　구설자　　화환지문　　　멸신지부야
君平이 曰, 口舌者는 禍患之門이요 滅身之斧也니라.

엄군평(嚴君平)이 말하였다.
입과 혀는 재앙과 환란을 불러들이는 문이요, 자신(몸)을 망하게 하는
도끼이니라.

● 이는 말을 잘못하여 화를 부르는 데에 대한 경계이다. 좋고 나쁜 일이 말로
　기인되는 수가 많다.

◆ 군평(君平) : 엄군평(嚴君平). 전한(前漢) 무제(武帝) 때 사람으로 성은 엄씨이고 이
　름은 준(遵)이다. 군평(君平)은 자이다. 성도(成都)에 살았던 점술가였는데 그의
　예언은 적중하였다고 한다.

▶ 君 임금 군, 平 평평할 평, 舌 혀 설, 禍 재화 화, 患 근심 환, 滅 멸망할 멸, 斧 도
　끼 부, 也 어조사 야

사람을 해치는 말은 칼로 베는 것과 같다

이 인 지 언   난 여 면 서   상 인 지 어   이 여 형 극
利人之言은 煖如綿絮하고 傷人之語는 利如荊棘하여

일 언 이 인   중 치 천 금   일 어 상 인   통 여 도 할
一言利人에 重値千金이요 一語傷人에 痛如刀割이니라.

사람에게 이로운 말은 따뜻하기가 솜털과 같고, 사람을 해치는 말은
날카롭기가 가시와 같아서 한마디 말로 사람을 이롭게 함에 소중하기
가 천금의 값어치요, 한마디 말로 사람을 크게 상처 줌에 아프기가 칼
로 베는 것과 같으니라.

● 되도록이면 남에게 따뜻하게 느끼도록 말해야 한다. 내가 남에게 가시 같
  은 말을 하게 되면 나에게도 가시 같은 말이 되돌아오는 것이다.

▶ 利 이로울 이, 煖 따뜻할 난, 綿 솜 면, 絮 솜 서, 傷 헤칠 상, 利 날카로울(이로울)
  리, 荊 가시나무 형, 棘 가시 극, 重 소중할 중, 値 값 치, 痛 아플 통, 刀 칼 도, 割
  벨 할

입은 사람을 상하게 하는 도끼와 같다

구 시 상 인 부　언 시 할 설 도
口是傷人斧요 言是割舌刀니

폐 구 심 장 설　안 신 처 처 뢰
閉口深藏舌이면 安身處處牢니라.

입은 사람을 상하게 하는 도끼와 같은 것이요, 말은 혀를 베는 칼과 같은 것이니 입을 다물고 혀를 깊이 감추어 두면 몸을 편안히 함이 가는 곳마다 견고하느니라.

● 말이 화를 부른다는 교훈을 시의 형식을 빌어서 쓴 것이다. 사람이 말을 않는다는 것이 얼마나 어려운 일인지 모른다.

▶ 口 입구, 傷 상처 상, 斧 도끼 부, 割 벨 할, 閉 닫을 폐, 藏 감출 장, 牢 우리(견고할) 뢰

진실과 다른 말은 사람을 해친다

봉 인　차 설 삼 분 화　　미 가 전 포 일 편 심
逢人에 且說三分話하고 未可全抛一片心이니

불 호 생 삼 개 구　　지 공 인 정 양 양 심
不虎生三個口요 只恐人情兩樣心이니라.

사람을 만나거든 우선 삼분(三分 : 30%)의 말만 하고, 자기가 지니고 있
는 일편단심(一片丹心)을 다 털어놓지 말지니, 호랑이가 세 번 입을 벌
리는 것이 두려운 것이 아니요, 다만 세상 사람의 두 마음 품음이 두려
우니라.

● 청산유수와 같은 유창한 말에는 오히려 진심을 파악하기가 어렵다. 말은
　거짓을 가리는 위장이 있기 때문이다. 이렇듯 진실과 다른 말은 사람을 해
　칠 소지가 있다.

▶ 逢 만날 봉, 說 말할 설, 話 이야기 화, 抛 던질 포, 怕 두려워할 파, 虎 호랑이 호,
　個 낱 개, 只 다만 지, 恐 두려워할 공, 樣 모양 양

의기가 투합되지 않으면 말은 한 마디도 많다

주 봉 지 기 천 종 소
酒逢知己千鍾少요

화 불 투 기 일 구 다
話不投機一句多니라.

나를 알아주는 친구를 만나면 술을 천 잔을 마셔도 부족하지만, 의기가 투합(投合)되지 않으면 말은 한 마디도 많으니라.

● 술은 대화에 필요한 것이다. 지기를 만나 마시는 술은 대화가 즐거워 술이 취하지 않는다. 옛 사람들이 시를 짓고 논하는 자리에는 꼭 술이 있었다. 시주(詩酒)라는 말은 선비에게 늘 따르는 말이었다.

▸ 酒 술 주, 逢 만날 봉, 知 알 지, 己 자기 기, 鍾 종(술잔) 종, 投 합칠 투, 機 틀(기회) 기, 多 많을 다

交友篇

교우편

벗을 사귐에 대한 가르침

함께 있을 사람을 신중히 가려야 한다

자왈 여선인거 여입지란지실 구이불문기향
子曰, 與善人居면 如入芝蘭之室하여 久而不聞其香이나

즉여지화의 여불선인거 여입포어지사
卽與之化矣요 與不善人居면 如入鮑魚之肆하여

구이불문기취 역여지화의 단지소장자 적
久而不聞其臭나 亦與之化矣니 丹之所藏者는 赤하고

칠지소장자 흑 시이 군자 필신기소여처자언
漆之所藏者는 黑이라 是以로 君子는 必愼其所與處者焉이니라.

공자(孔子)께서 말씀하셨다.

선한 사람과 더불어 살면 마치 향기로운 지초나 난초가 있는 방안에 들어간 것과 같아서, 오래되면 그 향기를 맡을 수 없으나 곧 더불어 자기 자신도 그 향기에 동화될 것이요, 선하지 못한 사람과 더불어 살면, 비린내 나는 생선 가게에 들어간 것 같아서, 오래되면 그 냄새를 맡을 수 없으나 또한 더불어 자기 자신도 냄새에 동화되나니, 붉은 주사(朱砂)를 지니고 있는 자는 붉어지고, 검은 옷을 지니고 있는 자는 검어지나니. 그러므로 군자는 반드시 자기와 함께 있을 사람을 신중히 가려야 하느니리.

● 좋은 친구는 향내 나는 풀인 지초와 난초에, 나쁜 친구는 비린내 나는 생선 가계에 비유하였다. 친구의 영향은 모르는 사이에 자신에게 변화를 가져옴을 강조하였다.

▶ 與 함께 여, 居 살 거, 芝 지초 지, 蘭 난초 란, 久 오랠 구, 鮑 어물 포, 肆 가게 사, 臭 냄새 취, 丹 붉을 단, 漆 옻 칠, 藏 간직할 장, 黑 검을 흑, 愼 삼갈(신중할) 신, 處 곳 처

交友篇 2

좋은 친구와 나쁜 친구의 영향

가어　　운　여 호 학 인 동 행　　여 무 로 중 행　　수 불 습 의
家語에 云, 與好學人同行이면 如霧露中行하여 雖不濕衣라도

시 시 유 윤　　여 무 식 인 동 행　　여 측 중 좌　　수 불 오 의
時時有潤하고 與無識人同行이면 如廁中坐하여 雖不汚衣라도

시 시 문 취
時時聞臭니라.

「공자가어」에 이르기를, 학문을 좋아하는 사람과 동행한다면, 마치 안개 피어난 길을 가는 것과 같아서 비록 옷은 젖지 않더라도 점차 윤택함이 배어들고, 무식한 사람과 함께 가면 마치 뒷간에 앉은 것 같아서 비록 옷은 더럽히지 않더라도 점차 그 냄새가 나느니라.

● 여기에서 학문이란 올바른 길을 가기 위해 하는 공부를 말한다. 1장의 주제와 같은 내용으로, 좋은 친구와 나쁜 친구의 영향을 적절하게 비유하였다.

▶ 好 좋아할 호, 學 배울 학, 霧 안개 무, 露 이슬 로, 濕 젖을 습, 潤 젖을(윤택할) 윤, 識 알 식, 廁 뒷간 측, 汚 더러울 오, 臭 냄새 취

오래된 친구일수록 공경해야 한다

자 왈　안 평 중　　선 여 인 교
子曰, 晏平仲은 善與人交로다

구 이 경 지
久而敬之온여.

공자께서 말씀하셨다.
안평중은 사람들과 사귀기를 잘하였도다. 사귐이 오래되어도 (상대를)
공경하는구나.

◆ 안평중(晏平仲) : 공자의 제자로 이름은 영(嬰)이며 자가 평중(平仲)이다. 제나라
　의 재상이 되어 경공(景公)을 도와 제나라를 번영시켰다.

▶ 晏 맑을 안, 平 고를 평, 仲 버금 중, 交 사귈 교, 敬 공경할 경

친구란 마음으로 사귀어야 한다

상 식　　　만 천 하
相識이 滿天下하되

지 심　　　능 기 인
知心이 能幾人가.

서로 알고 지내는 사람이 천하에 가득하되, 마음을 서로 알고 지내는 이가 몇 사람이나 되는가.

● 친구란 마음으로 사귀는 것이지, 외모로 사귀는 것이 아니다. 지기지우(知己之友)란 마음을 아는 친구이다.

▶ 相 서로 상, 識 알 식, 滿 찰 만, 知 알 지, 心 마음 심, 能 능히 능, 幾 얼마 기

어려울 때 도와주는 친구가 진정한 친구이다

주 식 형 제　　천 개 유
酒食兄弟는 千個有로되

급 난 지 붕　　일 개 무
急難之朋은 一個無니라.

술 마시고 밥 먹을 때에는 형제간 같은 친구는 천 명이로되, 급하고 어
려운 일을 당했을 때 구해줄 친구는 한 사람도 없느니라.

● 친구 사귐의 의미를 되새길 만한 이야기이다.

▶ 酒 술 주, 食 밥 식, 個 낱 개, 急 급할 급, 難 어려울 난, 朋 벗 붕

의리가 없는 친구는 사귀지 말아야 한다

불 결 자 화　　휴 요 종
不結子花는 休要種이요

무 의 지 붕　　불 가 교
無義之朋은 不可交니라.

열매를 맺지 아니하는 꽃은 심으려 하지 말고, 의리가 없는 친구는 사
귀지 말지니라.

● 친구의 관계는 의리가 중요함을 강조한 글이다.

▶ 結 맺을 결, 子 열매(씨) 자, 花 꽃 화, 種 심을 종, 義 옳을 의, 朋 벗 붕

交友篇 7

군자의 사귐은 담담하기가 맑은 물과 같다

군 자 지 교　　담 여 수
君子之交는 淡如水하고

소 인 지 교　　감 약 례
小人之交는 甘若醴니라.

군자의 사귐은 담담하기가 맑은 물과 같고, 소인의 사귐은 달콤하기가
단술과 같으니라.

● 친구의 사귐에 있어 담담히 오래 사귀는 것이 진실한 우정임을 강조한 말
　이다.

▸ 交 사귈 교, 淡 담박할(담담할) 담, 如 같을 여, 甘 달 감, 若 같을 약, 醴 단술 례

오랜 시간이 지나야 사람의 마음을 알 수 있다

노 요 지 마 력
路遙知馬力이요

일 구 견 인 심
日久見人心이니라.

먼 길을 달려야 말의 힘을 알게 될 것이요, 오랜 시간이 지나야 사람의 마음을 보느니라.

● 짧은 거리에서는 어느 말이나 잘 달리지만 먼 거리야말로 말의 진가를 알게 된다. 그래서 천리마라 한다. 사람 사귐도 마찬가지이다. 오랜 시간이 말 없는 가운데 서로의 진가를 알게 된다.

▸ 路 길 로, 遙 멀 요, 知 알 지, 馬 말 마, 力 힘 역, 久 오랠 구

婦行篇

부행편

부녀자가 지켜야 할 덕행(德行)

여자에게 훌륭한 네 가지의 아름다운 덕

익 지 서　　운　　여 유 사 덕 지 예
益智書에　云,　女有四德之譽하니

일 왈 부 덕　　　이 왈 부 용　　　삼 왈 부 언　　　사 왈 부 공 야
一曰婦德이요 二曰婦容이요 三曰婦言이요 四曰婦工也니라.

「익지서(益智書)」에 이르기를, 여자에게 훌륭한 네 가지의 아름다운 덕
(德)이 있으니, 첫째는 부인다운 덕 있는 행실이요, 둘째는 부인다운 얌
전한 얼굴 모습이요, 셋째는 부인다운 얌전한 말씨요, 넷째는 부인다운
좋은 일솜씨이니라.

▶ 益 더할 익, 智 슬기 지, 書 글 서, 德 큰(덕행) 덕, 譽 기릴(명예) 예, 婦 여자(며느
리) 부, 容 얼굴 용, 工 일(장인) 공, 也 어조사 야

아름다운 덕은 재주가 뛰어난 것을 말함이 아니다

부 덕 자　　 불 필 재 명 절 이　　부 용 자　　 불 필 안 색 미 려
婦德者는 不必才名絶異요, 婦容者는 不必顔色美麗요

부 언 자　　 불 필 변 구 이 사　　부 공 자　　 불 필 기 교 과 인 야
婦言者는 不必辯口利詞요, 婦工者는 不必技巧過人也니라.

부인의 아름다운 덕[婦德]이라고 하는 것은 반드시 재주가 뛰어남을 말하는 것이 아니요, 부인의 얌전한 얼굴 모습[婦容]이라는 것은 반드시 아름답고 고운 얼굴을 말하는 것이 아니요, 부인의 얌전한 말[婦言]이라는 것은 반드시 언변이 좋아 말을 잘하는 것이 아니요, 부인의 좋은 솜씨[婦工]란 반드시 손재주가 남보다 뛰어남을 말하는 것이 아니니라.

● 부인으로서 갖추어야 할 덕을 설명한 것이다.

▶ 婦 아녀자 부, 德 큰 덕, 才 재주 재, 麗 고울 려, 辯 말잘할 변, 詞 말씀 사

부인의 예절

기 부 덕 자　　청 정 염 절　　　수 분 정 제　　　행 지 유 치
其婦德者는　淸貞廉節하여　守分整齊하고　行止有恥하며

동 정 유 법　　차 위 부 덕 야
動靜有法이니　此爲婦德也요

부 용 자　　세 완 진 구　　의 복 선 결　　　목 욕 급 시
婦容者는　洗浣塵垢하여　衣服鮮潔하며　沐浴及時하여

일 신 무 예　　차 위 부 용 야
一身無穢니　此爲婦容也요

부 언 자　　택 사 이 설　　부 담 비 례　　　시 연 후 언
婦言者는　擇師而說하여　不談非禮하고　時然後言하여

인 불 염 기 언　　차 위 부 언 야
人不厭其言이니　此爲婦言也요

부 공 자　　전 근 방 적　　물 호 주　　　공 구 감 지
婦工者는　專勤紡績하고　勿好酒하며　供具甘旨하여

이 봉 빈 객　　차 위 부 공 야
以奉賓客이니　此爲婦工也니라

차 사 덕 자　　시 부 인 지 소 불 가 결 자　　위 지 심 이
此四德者는　是婦人之所不可缺者라　爲之甚易하고

무 지 재 정　　의 차 이 행　　시 위 부 절
務之在正하니　依此而行이면　是爲婦節이니라.

부인으로서의 아름다운 덕[婦德]이라 함은, 맑고 곧고 청렴한 절개가

있어 분수를 지키고 몸가짐을 바르게 하며, 자기의 행동거지에 염치(부끄러움)를 알고 동정(動靜)을 함에 법도에 맞아야 하는 것이니, 이것이 바로 부인의 덕(婦德)이다.

부인으로서의 얌전한 얼굴[婦容]이라 함은, 먼지와 때를 씻고 의복을 빨아 깨끗이 하며 목욕을 제때에 해서 한 몸에 더러운 것이 없게 하는 것이니, 이것이 바로 부용(婦容)이다.

부인으로서의 얌전한 말[婦言]이라 함은, 말을 가려 예의에 벗어난 말은 하지 말고, 때에 맞게 말하여 사람들이 그 말을 싫어하지 아니함이니, 이것이 바로 부언(婦言)이다.

부인으로서의 좋은 솜씨[婦工]라 함은, 오로지 길쌈을 부지런히 하고 훈주(葷酒, 훈채와 술)를 좋아하지 않으며, 맛있는 음식을 장만하여 손님을 잘 접대하는 것이니, 이것이 부공(婦工)이니라.

이 네 가지 덕은 부인으로서 빼놓을 수 없는 것이다. 행하기가 어렵지 않고 바르게 힘쓸 수 있으니, 이에 의거하여 행한다면 이것이 바로 부인의 예절이 되느니라.

▶ 貞 곧을 정, 廉 청렴할 렴, 節 마디 절, 整 가지런할 정, 齊 가지런할 제, 止 그칠 지, 恥 부끄러워할 치, 靜 고요할 정, 浣 빨 완, 塵 티끌 진, 垢 때 구, 潔 깨끗할 결, 穢 더러울 예, 擇 가릴 택, 師 스승 사, 談 말씀 담, 禮 예도 례, 厭 싫을 염, 專 오로지 전, 勤 부지런할 근, 紡 자을 방, 績 길쌈 적, 葷 훈채 훈, 旨 맛있을 지, 奉 받들 봉, 賓 손 빈, 缺 빌 결, 甚 심할 심, 易 쉬울 이(바꿀 역), 務 힘쓸 무, 依 의지할 의, 節 절도 절

부인의 말은 반드시 조용하고 자상해야 한다

태 공 　 왈
太公이 曰,

부 인 지 례 　 　 어 필 세
婦人之禮는 語必細니라.

태공이 말하였다. 부인의 예절에 있어서 말은 반드시 조용하고 자상해
야 하느니라.

● 부인의 예절 중에서 언어의 예절을 말한 것이며, 말솜씨가 조용하고 곱고
　자상하여야 한다는 말이다.

▶ 婦 아녀자 부, 禮 예도 례, 語 말씀 어, 細 가늘 세

婦行篇 5

어진 부인은 남편을 귀하게 한다

현 부   영 부 귀
賢婦는 令夫貴하고

부   영 부 천
婦는 令夫賤이니라.

어진 부인은 남편을 귀(貴)하게 하고, 간악한 부인은 남편을 천하게 하
느니라.

● 이 글은 아내로서 남편에 대한 내조의 의미를 제시한 것이다.

▶ 賢 어질 현, 令 하여금 령, 夫 지아비 부, 貴 귀할 귀, 佞 아첨할 영(녕), 賤 천할 천

增補篇

증보편

선(善)을 쌓지 않으면 아무것도 이룰 수 없다

주역 왈　선 부 적　　부 족 이 성 명
周易曰, 善不積이면 不足以成名이요

악 부 적　　부 족 이 멸 신
惡不積이면 不足以滅身이어늘

소 인　　이 소 선　　위 무 익 이 불 위 야
小人은 以小善으로 爲无益而弗爲也하고

이 소 악　　위 무 상 이 불 거 야
以小惡으로 爲无傷而弗去也니라

고　　악 적 이 불 가 엄　　죄 대 이 불 가 해
故로 惡積而不可掩이요 罪大而不可解니라.

「주역」에 이르기를, 선(善)을 쌓지 않으면 족히 이름을 이룰 수 없고, 악(惡)을 쌓지 않으면 족히 몸을 망치지 않거늘, 소인은 작은 선으로는 유익함이 없다 하여 선을 행하지 않고, 작은 악으로는 몸을 다치지 않는다 하여 악을 버리지 않느니라. 그러므로 악이 쌓여서 마침내는 숨기지 못하고, 죄가 커져서 마침내는 풀어내지 못하느니라.

▶ 周 주나라 주, 易 바꿀 역, 善 착할 선, 積 쌓을 적, 滅 멸망할 멸, 身 몸 신, 无 없을 무, 益 더할 익, 傷 상할 상, 弗 아닐 불, 爲 할 위, 解 풀 해, 掩 가릴 엄, 罪 허물 죄, 解 풀 해

어떤 일이든 반드시 먼저 그 조짐이 있다

이 상　　　견 빙 지
履霜하면 堅氷至하나니

신 시 기 군　　　자 시 기 부　　　비 일 조 일 석 지 사
臣弑其君하며 子弑其父는 非一朝一夕之事라

기 소 유 래 자 점 의
其所由來者漸矣니라.

서리를 밟으면 앞으로 단단한 얼음이 얼 때가 다가왔음을 아나니, 신하가 그 임금을 시해하며 자식이 그 부모를 시해함은 하루아침·저녁에 이루어진 것이 아니니라. 그 말미암아 온 바(所由來)에 점차적으로 이루어진 것이니라.

● 어떤 일이든 반드시 먼저 그 조짐이 있고 그 다음에 일이 벌어진다. 그러므로 잘 살펴 미리 대비하는 지혜가 필요하다.

▸ 履 밟을 리, 霜 서리 상, 堅 굳을 견, 氷 얼음 빙, 至 이를 지, 臣 신하 신, 弑 죽일 시, 由 말미암을 유, 來 올 래, 漸 점점 점